COLLECTION FONDÉE EN 1984
PAR ALAIN HORIC
ET GASTON MIRON

Éditions Typo
Groupe Ville-Marie Littérature inc.
Une société de Québecor Média
1010, rue de La Gauchetière Est
Montréal (Québec) H2L 2N5
Tél.: 514 523-1182
Téléc.: 514 282-7530
Courriel: vml@groupevml.com

Vice-président à l'édition : Martin Balthazar
Illustration en couverture: Roland Giguère,
L'heure d'élévation, 1981 (détail)

Catalogage avant publication de Bibliothèque et Archives
nationales du Québec et Bibliothèque et Archives Canada
Giguère, Roland, 1929-2003
L'âge de la parole
Édition revue et augmentée.
Poèmes.
ISBN 978-2-89295-392-3
I. Titre.
PS8513.I358A8 2013   C841'.54   C2013-940994-7
PS9513.I358A8 2013

DISTRIBUTEUR:
LES MESSAGERIES ADP*
2315, rue de la Province
Longueuil (Québec) J4G 1G4
Tél.: 450 640-1234
Téléc.: 450 674-6237
*filiale du Groupe Sogides inc.,
filiale de Québecor Média inc.

Pour en savoir davantage sur nos publications,
visitez notre site: editionstypo.com
Autres sites à visiter: editionsvlb.com • editionshexagone.com

Édition originale:
L'âge de la parole. Poèmes
1949-1960, Éditions de l'Hexagone, 1965.

Édition en format de poche:
L'âge de la parole, Édition Typo, 1991.

Dépôt légal: 2ᵉ trimestre 2013
Bibliothèque et Archives nationales du Québec
Bibliothèque et Archives Canada

TYPO bénéficie du soutien de la Société de développement des entreprises culturelles
du Québec (SODEC) pour son programme d'édition.

Gouvernement du Québec - Programme de crédit d'impôt pour l'édition de livres -
Gestion SODEC.

Nous reconnaissons l'aide financière du gouvernement du Canada par l'entremise
du Fonds du livre du Canada pour nos activités d'édition.

Nous remercions le Conseil des arts du Canada de l'aide accordée
à notre programme de publication.

L'ÂGE DE LA PAROLE

ROLAND GIGUÈRE

L'âge de la parole
Poèmes 1949-1960

Introduction de Catherine Morency

Préface de Jean Royer

TYPO
Une société de Québecor Média

Pour tout effacer, il avance

1953. Roland Giguère, alors âgé de 24 ans, écrit :

Tout l'or des matins s'évapore
arrive la saison des vents d'ombre
où la nuit interminable hurle à la fenêtre

je vois les champs renversés
les champs inutiles où l'eau potable se gâte
des yeux qui ont soif dévorent

et pour ne pas mourir dans l'ombre
j'avance une lueur d'espoir
sur le plus affreux carnage

j'avance sur parole
les plus belles transparences

j'avance la dernière palme
et un bras nu se lève
comme une aurore promise.

Déjà, dans ces quelques vers, Giguère expose, à la limite du dépouillement, la nature du programme à venir : créer un monde qui se substituerait à l'univers ruiné dont a hérité l'homme moderne, puis redessiner un paysage à son image, avec les couleurs et les formes que tour à tour lui fourniront le rêve, l'observation et les innombrables ressources de son imaginaire. Ce sens de la contemplation, si aigu chez Roland Giguère, puise à même le registre de la gravité et dans une recherche essentielle du vrai bien plus que dans un désir, commun à plusieurs poètes, de transmuer la douleur en grâce. Investir le territoire du poème participe manifestement, chez lui, d'un processus alchimique et sous-tend une transformation pure, qui ne répondra jamais à un impératif de promotion ou d'embellissement.

Pour Giguère, qui fonde les Éditions Erta et y publie, depuis sa sortie des Arts graphiques (en 1949) d'étonnants recueils artisanaux – écrins aussi sobres que flamboyants –, écrire semble résulter d'une impulsion essentielle et consiste à jeter sur l'ampleur du désastre une lumière tout à la fois crue et révélatrice, celle-là qui « avait su me prendre / en plein délire », écrira Giguère, « les yeux droits dans les miroirs / les mains au cœur du torrent[1] ». Mû par un profond désir de *voir*, il cherche à rejoindre, par l'entremise de la création, des ponts dressés entre la nuit noire et la lumière du jour, de manière à confondre son propre aveuglement en détournant, comme il le propose encore dans « Vivre mieux », « les palmes noires que l'on m'offrait[2] ».

---

1. Roland Giguère, *L'âge de la parole*, Montréal, Typo, 1991.
2. *Ibidem.*

Très tôt, il sentira que les ressources du poétique lui permettent de déchiffrer ce qui demeure illisible au plus grand nombre. Pour y arriver, cependant, il doit se dépouiller des mécanismes qui ont aveuglé l'homme. Ce n'est qu'à travers ce difficile exercice sacrificiel qu'il arrivera à libérer peu à peu les chemins qui mènent à la plus grande connaissance qui soit : celle de soi-même. Ainsi consigne-t-il, dans « Le pire moment » :

> La cendre et la cendre
> La lune sous les décombres
> La pierre irrémédiablement broyée
>
> J'entre au pire moment
> Au moment où l'on ferme les yeux
> Au moment où tout s'éteint
> Au moment où la mer ne suffit plus à cacher le ciel
> Où il faut renoncer à nos jeux innocents
>
> Les regards limpides se perdent
> Dans une aube boueuse
> La clarté revient sur ses pas
>
> J'entre au moment où il faudrait sortir[3].

C'est bien à la naissance du poète que l'on assiste en même temps qu'à une singulière apparition : celle de l'homme en lui. Issu d'une matrice minée, l'enfant se dépouille peu à peu de l'obscurité qui engluait son arrivée au monde et tente une percée vers un nouveau mode d'appréhension. Fondée sur l'art de la révélation,

---

3. *Ibidem.*

la poétique de Giguère s'élabore à mesure que ce dernier apprend à envisager, puis à traduire le moindre tressaillement sensible. « Je suis debout / accoudé à la dernière barrière de l'être », écrit-il en exergue d'*Yeux fixes*, « l'œil rivé aux petites explosions / qui secouent les galeries / je me souviens avoir déposé des mines un peu partout / à l'intérieur / pour voir le sang mêlé à des corps étrangers / histoire de voir. »

De voyant à visionnaire, il n'y a qu'un pas. Aussi Roland Giguère développera-t-il une propension à repérer dans les limbes de l'esprit quelque passage fortuit, à anticiper des dépassements improbables. « On ne possède pas l'originalité, la force expressive, le talent extraordinaire d'un Giguère sans prendre tôt conscience fermement, même si cela se passe dans les ténèbres toutes-puissantes de l'inconscient, d'un appel précis[4] », écrira à son sujet un Claude Gauvreau admiratif, avant de conclure :

> Il parle de délire comme ceux qui savent que la poésie sage et contrôlée a donné sa mesure et n'exhibe plus que des limites, il parle de miroirs comme ceux qui ont pénétré la fascination iné-narrable de cet accessoire indispensable du merveilleux, il parle d'ambition virile et son exclamation est toute de foi laïque, il bouscule l'humanité résignée et lui dit que sa bestialité peut devenir transparence et qu'il est urgent de vivre mieux[5].

---

4. Claude Gauvreau, « Les affinités surréalistes de Roland Giguère », *Études littéraires*, vol. 5, nº 3 (décembre), 1972, p. 502.
5. *Ibid.*, p. 503.

Or, pour bâtir un monde nouveau, il importe de connaître les cendres sur lesquelles on reconstruit et, en ce sens, la vision naît, d'une certaine manière, entravée, comme si l'on devait d'abord faire l'expérience du noir pour pressentir ce qui appartient au règne du lumineux. Et si passer du côté de la lumière peut paraître aisé, Giguère entrevoit cette transcendance initiatique comme l'expérience même de la démesure, telle qu'il l'évoque dans *Les armes blanches* : « S'avançaient sur la nappe mince du présent / un millier d'images déjà répudiées / et continuaient de nous solliciter ces mirages / d'un monde que nous savions ruiné », avant de conclure : « nous nous sentions coupables / corps et biens dans le désastre / et pour continuer à vivre / dans nos solitaires et silencieuses cellules / nous commencions d'inventer un monde / avec les formes et les couleurs / que nous lui avions rêvées. »

Voir / Rêver / Inventer

Au risque de mettre en péril l'idée que l'on se fait de la vie, « sombre halo terni » évoqué dans un poème de jeunesse (inédit), le poète annonce d'emblée le seul projet qui semble trouver valeur à ses yeux, un programme informel qu'il énoncera clairement en 1962, dans un texte en prose intitulé « Lieux » : « Je m'applique. Je poursuis. Je traque des visions. Je veux voir[6]. » Dans les textes inédits comme dans les recueils d'abord publiés par ses propres soins chez Erta au cours des années 1950, la visée de Giguère se fait lentement

---

6. Roland Giguère, *Forêt vierge folle*, Montréal, l'Hexagone, 1978, p. 101.

plus limpide, tandis que le poème acquiert un rythme et une clarté, tant dans la forme que dans les images qui y sont générées. À partir des années 1953-1954 (*Lieux exemplaires*), nous ne cheminons plus au cœur du même décor sombre, dans le climat incertain qui se déployait jusqu'alors sous nos pas. S'extirpant du chaos originel, le poète nous donne à voir des paysages de plus en plus clairs, des univers figuratifs où des éléments et une atmosphère sont décrits avec une précision qui n'empêche en rien l'évocation d'accomplir son travail métaphorique.

Aussi le champ sémantique de la ruine prend-il, à travers l'utilisation d'images faisant appel à un réseau de références à la fois concrètes et symbolistes, une consistance de plus en plus tangible, pour devenir un thème de prédilection dans l'œuvre de Giguère. En effet, les ruines sont fécondes en ce qu'elles portent une identité à la fois négative et positive. Elles sont lieu de solitude et de froideur, où l'homme se retrouve condamné à errer sans référent ni interlocuteur; mais elles sont aussi le lieu de tous les possibles, un contre-négatif, un envers du déluge, puisque le passé n'est pas, si l'on réussit à transcender son versant mortifère, que l'espace du deuil et de l'échec. La ruine représenterait ainsi la destruction et la perte, voire une forme de tombeau qui devient, avec la chute qu'il tente de contenir, le lieu d'un possible à advenir. Car, sous les décombres, quelques vestiges d'humanité souvent se profilent (le défaut des ruines est bien, alors, d'avoir des habitants), amorçant dès lors un renversement sémantique qui propulse le sujet d'«En pays perdu» dans l'ère performative du projet poétique, là où il est permis d'espérer que la solitude sera confondue par l'espoir d'une rencontre, et où inexploré rime, enfin, avec promesse.

Naître et devenir devin

Voilà, clairement exprimé, le leitmotiv de Giguère qui, dans *Yeux fixes*, ne manque pas de déstabiliser le lecteur tant par la forme – on a ici affaire au premier récit automatiste québécois – que par le fantasme de transcendance qui irrigue l'entière trame du recueil. «J'essaie de me survoler afin d'envisager dans toute leur étendue les défauts de ma cuirasse et je vois que j'aurai du travail à étancher ces multiples cellules ouvertes aux intempéries[7].» Conquête de soi dans un monde où l'obscurité gagne du terrain, mais exhortation à l'endroit des autres, aussi, à faire de même, «au cas où il y aurait chaos», écrit le poète, parce qu'«[u]n jour tout s'obscurcira et qu'alors tous, pas seulement quelques-uns, se chercheront[8]».

«Pour voir grand: rompre l'échelle humaine», consignera le poète dans son «Grimoire», lui qui, dès 1949, annonçait ses couleurs dans *Faire naître,* son tout premier recueil: «entre deux pas contraires / la fumée dans mes yeux / me fit tourner la tête / et je plongeai jusqu'au coude / mon bras dans le soleil / même ceux qui n'avaient rien vu / se mirent à mon service.» Il est vrai qu'à travers un profond désir de voir le jour se profile constamment, comme brodé en filigrane, le spectre de la mort. Pour naître, le poète se montre ainsi prêt à passer par l'effacement, et par toutes les errances

---

7. Roland Giguère, *Yeux fixes, op. cit.*, p. 17.
8. *Ibid.*, p. 16.

que la poésie met à sa disposition, chacun des sacrifices perpétrés à travers l'acte d'écriture devenant le geste initial d'un dépouillement nécessaire, lui-même vecteur d'un potentiel engendrement.

On pourra s'étonner que Giguère ait laissé de côté « Vivre mieux » – comme quelques autres poèmes écrits durant la même période – quand vint le temps de ficeler ses premiers recueils, et qu'il ait attendu la publication de *L'âge de la parole*, presque vingt ans plus tard, pour l'intégrer à son propre corpus.

> *La lumière avait su me prendre*
> *en plein délire*
> *les yeux droits dans les miroirs*
> *les mains au cœur du torrent*
>
> *je détournai de moi*
> *les palmes noires que l'on m'offrait*
> *je quittai pour toujours*
> *les routes jalonnées de feux morts*
> *pour d'autres routes plus larges*
> *où mon sang confondait le ciel*
> *comme une flèche confond sa cible*
>
> *je commençais à vivre mieux*[9].

Dans ce poème fondateur, le jeune auteur révèle deux réalités qui ont longtemps fait office de tabous dans le giron de la poésie québécoise : la question du don ainsi que celle du repli sur soi, longtemps interprété, à tort, comme un retrait social, un renoncement

---

9. Roland Giguère, *L'âge de la parole, op. cit.*, p. 11.

à la collectivité. En annonçant – avec l'appui du plus-que-parfait – l'emprise de la lumière sur son être réflexif, le poète fait rétrospectivement l'aveu d'un pouvoir en quelque sorte inavouable parce qu'accordé à quelques-uns seulement, un don magistral qui lui insufflera la force d'entreprendre une démarche poétique qu'il souhaite poursuivre en solitaire. Et, bien que le «on» employé dans la deuxième strophe constitue une balise plus ou moins concrète à l'intérieur du poème, nous pouvons imaginer à quels interlocuteurs le poète fait ici référence, annonçant un désir fort – sinon une nécessité vitale – de trahir, plus ou moins consciemment, une communauté archaïque pour tenter de rejoindre le corps d'une œuvre qui ne saurait négocier sa naissance avec les êtres peuplant cette route jalonnée de feux morts. En somme, c'est un homme rétrospectivement arrivé à la vie que nous rencontrons au cœur de ce poème, et voilà peut-être la raison précise pour laquelle il aura attendu si longtemps avant de publier un tel aveu, non encore prêt à assumer un avènement – d'abord vécu sous le signe de l'intuition – devant lequel il deviendrait impossible de reculer.

La vie devant

Dans *Amor Fati*, le poète Romain Graziani écrit : «Une matinée de fin de fête, les formes de sèves et de spectres, déduites par chaleur des bougies consumées, déclinent en lacis pétrifiés de tons vermeils, que les rares rayons à les traverser tournent en spirales alenties. Il est difficile de croire à l'œuvre de feu, tant cette matière fossile semble s'être prélevée d'un âge où la matière persistait comme bloc indivis. Les volutes ceignant les flancs de cierge retracent solidement les contours péris de la fumée, le soupir volontaire d'une extinction à l'aube des oublis prometteurs. Et comme un rappel funéraire de ces résines restantes, la fenêtre est voilée d'une membrane de suie. »

Pour peu, on pourrait voir Giguère se profiler au cœur de ce paysage lunaire, quittant lentement le monde abîmé sur lequel il s'était construit pour « des routes plus larges, où son sang confondrait le ciel ». Dès 1956, en effet, ses poèmes changent doucement leur angle d'approche, pour revenir à une figure qui l'avait initialement fasciné : la femme. C'est elle, cette *Adorable femme des neiges* qui, dans « Femme au long cours », apparaît « nue dans les champs du désir / femme des premiers gestes d'amour [...] femme que je hante et abreuve / femme de toutes mes heures » et pave le chemin de l'homme vers une terre plus vaste, sur laquelle il trouvera enfin la force de s'établir, en pays conquis. Beaucoup plus complexe et féconde qu'un simple objet de désir, la femme est d'abord et avant tout celle qui permet au poète de sortir des ténèbres, ouvrant pour lui la voie vers « une nuit blanche sous la lune neuve ».

Aussi est-ce dans « un lit anonyme » qu'il trouvera sa place auprès de celle qui lui remet les clefs de ce nouvel espace. Alors qu'il consignait « j'écris ton nom en lettres capitales / au fronton de mes demeures », Giguère soupçonnait-il seulement qu'il entrait de plain-pied dans cet *âge de la parole* qu'il ne nommera que plus tard, et qu'en pénétrant dans cette ère nouvelle, c'est dans sa « vie sacrée » qu'il déposait une armure fourbue par tant de ténèbres, la troquant enfin pour «ses ornements de fer / ses armes blanches ses lames d'or», mercenaire engagé dorénavant dans «des combats plus loyaux»: ceux de l'amour et de la création.

Il faut relire la poésie de Giguère et replonger au cœur de ce recueil fabuleux, riche d'une infinie densité. Bien plus qu'une simple collection de poèmes issus d'époques diverses (comme le suggère la définition classique de la rétrospective), *L'âge de la parole* est un bestiaire colligeant toutes les pulsions de l'âme humaine, un éloge de la touffeur magnifique que contient chacune des vies que nous traversons, si tant est que nous acceptions les risques que sous-tend une existence vécue dans un esprit de transgression, consubstantiel à tout épanouissement. En concevant ce livre, Giguère préparait à notre intention une promenade au cœur des combats et par-delà le torrent, nous incitant à épouser le souffle, le pouls et le regard qui permettent l'accès à des avenues à peine esquissées, ouvertes sur un inconnu qui libère. Élaboré à l'intention de celui ou celle qui apprend à vivre à la mesure de ses démons et de ses bêtes, mais aussi de ses désirs les plus intimes, *L'âge de la parole* s'avère un guide de survie pour quiconque s'avise de marcher sur les ruines d'un monde dévasté en lui, de s'y reposer un moment – en dépit de l'effroyable noirceur qu'il pourra y rencontrer –, de prendre une très lente inspiration et de *choisir* de croire qu'après la tempête, en marge des multiples deuils que recèle une vie, à l'envers de l'obscur, un autre rivage l'attend, peuplé de lumières inédites et de sources innombrables.

CATHERINE MORENCY

La main libère la parole

Roland Giguère, cet oiseau de nuit, voyant et *plongeur*, peintre comme il est poète, traverse les apparences depuis 1949 : il veille, la main prête à libérer la parole. Son œuvre, depuis trente ans[1], explore une nuit intérieure. Le poème, le tableau veulent dévisager la vie jusqu'à la transparence, jusqu'aux sources du désir et de la révolte, jusqu'aux ressources originelles. Avec une violence dévastatrice. Le poème peut naître de la musicalité des mots et le tableau s'inventer à partir de l'harmonie séduisante des formes : jamais cependant les signes n'usurpent leur sens. Les « supports de voyance » de Giguère ne manquent pas d'instaurer leur pouvoir saccageur. Le poète a mis la main au feu, le peintre est devenu l'oiseau qui hante ses tableaux.

« La peinture, m'a-t-il dit un jour, c'est comme une écriture. D'ailleurs, j'ai toujours dessiné dans les marges de mes poèmes. » Puis, la marge a envahi la page jusqu'au tableau. En 1976, Giguère note : « Je peins pour parler comme j'écris pour voir. » Ainsi le poète traverse la nuit : la couleur crée l'espace où voyage le désir.

---

1. La préface a été rédigée pour l'édition de 1991.

En 1978, Roland Giguère publie *Forêt vierge folle* : un tableau peint en 1962 donne un titre au livre du poète qui retrace son parcours. Voici des poèmes inédits et les premiers dessins, des notes sur la peinture et la poésie, des collages et des objets, des paysages intérieurs, des lieux et des masques, voici les repères d'un itinéraire poétique et plastique. Ce double parcours, intimement lié aux traces mêmes du poème et du tableau, Giguère nous explique comment il l'a vécu, « de l'âge de la parole à l'âge de l'image » :

« L'âge de la parole – comme on dit l'âge du bronze – se situe, pour moi, dans ces années 1949-1960, au cours desquelles j'écrivais pour nommer, appeler, exorciser, ouvrir, mais appeler surtout. J'appelais. Et à force d'appeler, ce que l'on appelle finit par arriver. C'était l'époque, pas si lointaine, où nous croyions avoir tout à dire puisque tout était à faire et à refaire. Quelques amitiés suffisaient à nous persuader que nous pouvions transformer le monde :

> *et pour continuer à vivre*
> *dans nos solitaires et silencieuses cellules*
> *nous commencions d'inventer un monde*
> *avec les formes et les couleurs*
> *que nous lui avions rêvées.*

« Je crois que ces quelques vers définissent assez bien le climat de cette décennie. Mes amis étaient peintres, eux refaisaient le paysage car "Le paysage était à refaire" lui aussi ; ils créaient de toutes pièces ces lieux exemplaires où nous allions rêver. Je commençais moi-même à dessiner dans les marges blanches, "de grandes marges de silence où la mémoire ardente se consume pour recréer un délire sans passé" (Éluard). Mes dessins proliférèrent autour des poèmes et finalement réclamèrent la couleur. Je me mis à peindre.

« J'étais possédé par une nouvelle écriture. De l'âge de la parole, je passais à l'âge de l'image et pour moi il n'y avait là nulle abdication, nulle rupture ; je disais – et je dis encore – les mêmes choses, autrement. Cet univers qui sur la feuille maintenant devenait visible était bien le même qui hantait mes poèmes. Et je vais toujours ainsi du poème au dessin, à la peinture ; du mot à la ligne, à la couleur, pour dire et pour voir et pour *donner à voir*.

« Entre-temps, je quittai le Québec pour la France où je participai à de nombreuses activités tant littéraires que picturales avec le groupe Phases et le mouvement surréaliste. Je revins quelques années plus tard en *étrange pays dans mon pays lui-même* et je sentis bien vite qu'on y respirait plus à l'aise. Quelque chose, beaucoup de choses avaient changé. Gaston Miron me suggéra alors de rassembler en un volume mes poèmes épars, parus ou inédits. Au fur et à mesure que je faisais ce choix et recopiais ces poèmes, je me rendais compte qu'ils prenaient une résonance nouvelle, une dimension autre. Certains d'entre eux, écrits une dizaine d'années auparavant, qui pouvaient alors passer pour des élucubrations, s'inséraient maintenant d'eux-mêmes dans leur réalité, dans la réalité. La prémonition est certainement un des pouvoirs de la poésie puisque le poète, en somme, n'est rien d'autre qu'un sismographe qui enregistre les tremblements d'être. Ou serait-ce le monde qui finit par ressembler à nos poèmes, comme le disait Jean Éthier-Blais ?

« La poésie est le carrefour de tous les possibles. La poésie est une lampe d'obsidienne. »

La poésie, Roland Giguère l'a rencontrée chez Éluard puis Michaux. Il avait dix-sept ans. La découverte du surréalisme le fait écrire. Puis le jeune poète veut « voir » son poème : il deviendra typographe. À l'Institut des arts graphiques, il connaît son maître, Albert Dumouchel, puis Alfred Pellan, et ses amis peintres Léon Bellefleur et Gérard Tremblay. Devenu amoureux du livre-objet, il fonde les Éditions Erta. Car Giguère est un artisan, un *œuvrier* : pour lui, *faire* est un plaisir. Il publie quelques recueils, qu'il a écrits mais aussi fabriqués de A à Z. Le critique Gilles Marcotte accueille avec enthousiasme *Les armes blanches* : Giguère arrive seul et de nulle part dans notre poésie, remarque-t-il. Mais quand Giguère repart entre 1954 et 1963, il séjourne deux fois en France : Paris, Aix-en-Provence. Il fréquente André Breton et le groupe surréaliste. Il cultive le goût des sources : de l'Afrique et des arts primitifs, des masques et des signes originels.

Ce « voyageur du dedans », comme l'a nommé François Hébert, recherche une lumière noire : « cette lumière du volcan, originelle, qu'il retrouve dans tout ce qui est élémentaire, archaïque, primitif », note à son tour Robert Marteau. Il a, comme beaucoup de poètes québécois, explique Gilles Marcotte, la fascination de l'élémentaire et du feu, c'est-à-dire de ce qui commence et recommence toujours. C'est un véritable « incendiaire ». « C'est quelqu'un, dit encore Gilles Marcotte, qui à partir de n'importe quel élément l'investit d'une sorte de feu originel et l'arrache par là à cette immobilité des éléments dans laquelle on risque toujours de retomber. Sa poésie est très énergique. Elle est en même temps très chaleureuse pour le lecteur. »

« En poésie, je suis une taupe… », a souvent dit Giguère, qui se refuse à en élucider le mystère. En 1963, il note : « La poésie, pour moi, n'est pas évasion, mais bien plutôt invasion. Invasion de l'univers extérieur par le monde du dedans. Pour agir, le poète doit être habité. » Le poète doit être à l'écoute, attentif à un déclic, à une poussée soudaine du poème. Il note encore : « Le poème m'est donné par un mot, une image, une phrase *qui cogne à la vitre*. Dès que cette phrase est couchée sur le papier, elle s'étale, pousse ses ramifications, croît comme une plante ; le poème s'épanouit selon un élan, un rythme naturel qu'il porte en lui dès le premier mot. »

Et si la poésie est une lampe d'obsidienne, Roland Giguère est un voyant, un sorcier, voire un kaléidoscope dont François Hébert a su réunir l'inventaire magique : des « fétiches familiers, d'anciens fauves apprivoisés, d'amicales bêtes – point trop féroces mais encore assez cruelles – et une kyrielle d'objets étranges – pas très catholiques : caractères de plomb, cerceaux d'enfant, châteaux en flammes, lignes de la main, le serpent, une orfraie, les filets de sang, roses de demain, taches solaires, douleurs mauves, noirs pressentiments, ronces et lunes, brumes et cendres, ruines habitées, volcans, dolmens sublimes, un magicien, une île déserte et peut-être un oiseau rare… »

Peintre et poète, Roland Giguère nous révèle dans ce livre de la maturité qu'est *Forêt vierge folle* un itinéraire qui parcourt l'ensemble de son activité poétique. C'est ce dont il a bien voulu témoigner à voix haute devant moi, l'autre jour, me confiant comment il peut traverser la vie :

« Il n'y a jamais de silence. Je vais de l'édition à la peinture, du poème à la gravure. L'un pousse l'autre. Il n'y a pas de cloison étanche entre ces activités. Tout cela, pour moi, c'est le même monde. Tout cela fait partie d'une espèce de grande poésie. Quand je compose en typographie un poème de Gaston Miron, j'y prends autant de plaisir qu'à faire une eau-forte. C'est le plaisir de faire. Mais je dois dire qu'il se passe deux choses en moi : dans le plaisir de faire se mêle aussi beaucoup d'inquiétude, plus particulièrement en poésie. Le plaisir que je prends à faire de l'édition et de la gravure est différent de celui de la poésie. Quand j'écris, j'ai un plaisir qui me tire à la fois beaucoup plus profondément et me révèle de l'inquiétude. En fait, le plaisir de la poésie, je le prends lorsque je fais de l'édition. À ce moment-là, la poésie, qui peut être inquiétante – assombrissante ou éclairante – devient une sorte d'objet concret. Le plaisir de la poésie, pour moi, c'est faire le livre de A à Z.

« Quant au plaisir de peindre, il est plus immédiat. L'image apparaît de façon plus définie : il y a la couleur et la ligne. La poésie, elle, est plus métaphysique : elle t'emmène dans des régions plus obscures que la peinture qui, elle, frappe l'œil aussitôt et peut rester souvent au niveau de la rétine.

« Le monde que j'amène à voir en peinture est au fond celui de la poésie mais jamais n'illustre le poème. Je pense que je peins comme un poète, avec tout ce monde qui est là, plus ou moins latent dans ma poésie. Je crois que je fais une poésie assez visuelle, une poésie d'images qui se transposent assez facilement en peinture. De toute façon, il n'y a pas de cloison entre les deux. C'est le même monde.

« Aussi quand je réfléchis sur ma peinture, c'est un besoin de poète. Je ne me sens pas le besoin de me livrer à une analyse picturale. Je le fais à la façon d'un poème. Ma réflexion devient plus un poème qu'une analyse. Pour moi, peinture et poésie sont intimement liées. »

En 1951, Roland Giguère avait écrit cette page révélatrice :

Le peintre, comme le poète, fait aujourd'hui un travail de scaphandrier.

Il descend.

Il descend dans le lit de son fleuve à lui et cherche dans le navire qui s'y trouve noyé, entre deux eaux, les trésors qu'il y sait.

Il fouille.

Navire-patrouilleur sillonnant jour et nuit l'immense océan de la poésie.

Chaque tableau naît d'une périlleuse descente. Images arrachées à la nuit tenace et vorace qui nous entoure. Le peintre rescape les images, chacune plus ou moins noyée au fond de l'être. La sensibilité du peintre comme une bouée sauvant à tout instant la vie d'un poème qui allait irrémédiablement périr…

Poème, objet, signe, émotion, choc, panorama imaginaire maintenant introduit dans le monde tangible et qui aurait pu ne jamais exister.

Ce poète devenu peintre restera fidèle au surréalisme comme « attitude révolutionnaire ». Comme artiste, plus près de Max Ernst et Borduas que de Pellan et Riopelle. Comme poète, entre Éluard et Michaux sans pourtant renier Artaud et Desnos. Giguère a trouvé sa manière à lui de traverser la poésie :

J'ERRE

Je ne vous suis plus

je ne vous suis plus dévoué
je ne vous suis plus fidèle
j'erre à ma guise enfin
hors des sentiers bénis

j'erre aux confins de ma vie

j'erre parmi mes amis les meilleurs
que pourtant je tiens pour vigies
mais j'erre

j'erre toujours entre vos dires

j'erre pour ne pas mourir.

« J'estime que je suis surréaliste fondamentalement : dans l'esprit mais non dans la lettre, me précise Giguère. Il n'y a pas une façon de peindre ou d'écrire qui soit "surréaliste". Le surréalisme, pour moi, c'est beaucoup plus une façon de vivre qu'une façon de peindre ou d'écrire. Le surréalisme, c'est avant tout un état d'esprit, de révolte, pour débusquer le subconscient, l'instinct, le rêve. »

C'est d'ailleurs ce qu'il notait déjà en 1951 : « Le peintre est le lit fertile du rêve et c'est de sa main que tombent les parcelles d'un panorama qui retient l'homme dans la courbe de la vie. » Et quand Giguère écrit « peintre », lisons aussi « poète ». Celui-là même qui avait écrit en 1950, à l'occasion d'une exposition en plein air où se retrouvaient ses amis Léon Bellefleur, Albert Dumouchel, Jean-Paul Filion et Gérard Tremblay, ces lignes admirables où l'on reconnaît non seulement la force de la poésie mais aussi la qualité de la présence de Roland Giguère :

Un torrent, si ténébreux soit-il, peut se révéler immensément riche et, au lieu de nous apparaître menaçant, devenir libérateur à partir du moment où l'on s'y laisse emporter. La libération de l'homme par la poésie s'effectue : la triste réalité est bientôt remplacée par le rêve qui devient une seconde réalité, mais hors d'atteinte des circonstances extérieures qui pourraient la transformer. L'homme est maintenant maître de son monde, maître de sa poésie. C'est cette libération si nécessaire à tous (que l'on en ressente ou non la nécessité) que permet la toile peinte. Une image, l'infime partie de tout un cosmos échafaudé ou créé par l'angoisse d'un homme, est offerte comme un vert pâturage dans une contrée où l'herbe est rare.

JEAN ROYER

L'ÂGE DE LA PAROLE
1949-1960

VIVRE MIEUX

La lumière avait su me prendre
en plein délire
les yeux droits dans les miroirs
les mains au cœur du torrent

je détournai de moi
les palmes noires que l'on m'offrait
je quittai pour toujours
les routes jalonnées de feux morts
pour d'autres routes plus larges
où mon sang confondait le ciel
comme une flèche confond sa cible

je commençai à vivre mieux.

1949

COMME DES MOUCHES

Glacés dans la pénombre
pénombre des péninsules désertes
désertes comme une main
main de saule pleureur
pleureur et voleur d'eau
eau stagnante de certains visages

glacés dans la pénombre
certains visages tombaient
sur d'autres poitrines.

1950

LA MAIN PASSE

Le vol hésitant des oiseaux
autour d'une statue de sel brisée
trajectoire obscure des moments passés
qui battent de l'aile

derniers éclats de souvenirs pénibles
sur quelques images froissées déchirées
il faudra bientôt dessiner d'autres images
aux reflets plus humains.

1950

TANT ATTENDUS

Vint la neige dans nos mains moites
vint la lueur des condamnés
vint le dégel du fleuve
vint le vent ramasser les feuilles mortes
vint ensuite la douceur de l'air libre
circulant dans les rues tête nue
vint aussi la raison des pas perdus
puis vinrent les jours tant attendus
où nous vécûmes de rien de tout et bien
les moments les plus difficiles.

1950

POUR TANT DE JOURS

Pourtant...
pour tant d'aiguilles brisées
pas une goutte de sang
et tant de soirs
et tant de nuits
et tant d'ennui
sans qu'un seul cheveu ne vienne rougir la vitre

tant de rideaux déchirés
tant de radeaux coulés
pour un seul survivant
à peine vivant

et tant d'ardeur
tant de cris
pour une oreille qui n'écoute plus
tant de vie pour un mort
tant de mots pour un mur

tant de vagues qui n'ont rien lavé
tant de mains qui n'ont rien serré
tant de vie perdue
tant de veines éclatées
tant de coups reçus
tant de regards lancés
tant de lames brisées
tant de larmes
tant de pas
tant de paroles

tant de cœur
pour un si petit jour

tant de temps
et pourtant nous n'avons pas changé.

1951

LA MAIN DU BOURREAU FINIT
TOUJOURS PAR POURRIR

Grande main qui pèse sur nous
grande main qui nous aplatit contre terre
grande main qui nous brise les ailes
     grande main de plomb chaud
     grande main de fer rouge

grands ongles qui nous scient les os
grands ongles qui nous ouvrent les yeux
     comme des huîtres
grands ongles qui nous cousent les lèvres
     grands ongles d'étain rouillé
     grands ongles d'émail brûlé

mais viendront les panaris
panaris
panaris

la grande main qui nous cloue au sol
finira par pourrir
les jointures éclateront comme des verres de cristal
les ongles tomberont

la grande main pourrira
et nous pourrons nous lever pour aller ailleurs.

1951

VIEUX JEUX

La joue s'étoile
prend feu
et un nouveau visage apparaît
dans les brisures du miroir
et vous qui n'avez jamais su rien voir
vous retournez à vos rides
à vos cicatrices
plis et replis de l'âge
visage hâve
morne pâleur
vous entrez dans le noir du dernier soir.

1951

LA VIE DÉVISAGÉE

I

Le matin se lève
les yeux cernés d'une nuit blanche
petit matin sans aube matin décapité
et figé dans l'orbite ce paysage de bitume
coup de grisou dans la cervelle grisée

l'homme s'engouffre dans son obscur tunnel
quotidiennement il s'enfourne
se remet à vaciller de paupière en paupière
à louvoyer d'une heure à l'autre jusqu'à la lune
louvoie louvoie sans rien voir que la tombée du soir
aux mains de la vorace nuit

II

Traces de boue traces atroces traces de loup
ceux qui ne savent pas jouer ruinent tout

les grands défigurés s'avancent
dans un infernal et habituel nuage de cendre
tristes habitués des ténèbres
habitants des noirs cratères
où le feu n'a plus rien de sa magie
feu sans joie sans flamme et sans dieux

longs visages de pierre ponce
mains d'ardoise friable
visages de pierre tombale où vous rompez le pain
visages sans tain
ne reflètent plus rien

III

On s'enferme dans les silos
mêlés aux derniers épis de blé
on engrange la révolte de l'amour

pendant que d'autres tricotent des mailles de chaînes
pendant que d'autres préparent des mois de haine

de temps en temps un couteau dans l'aine
de temps en temps dis-moi que tu m'aimes

IV

Il nous faut sans cesse tenir l'équilibre
entre l'horizon disparu et l'horizon imaginé
avec la crainte de perdre pied à la terre
de n'avoir plus le pied marin
de ne pouvoir plus marcher sur les fils de fer
de ne savoir plus marcher sur les mains

malheureux fils d'équilibristes
nés en plein ciel
au temps mémorable de l'absence des filets

V

Le vertige nous prend par la taille et nous renverse
nous tournons autour des tiges
pendant que nos mains tissent les minces fils de l'espoir
qui nous retiendront à la vie

lianes lianes d'espoir lianes
léger fil d'Ariane

VI

Il faudra dérouler les rails de la patience
prendre le jour par la main et lui montrer le chemin
qui mène aux hommes chancelants sur les bords de la nuit

le souffle trop longtemps contenu nous défigure

la vie face aux murs prend figure de défaite
s'il n'y a dans quelque fissure l'apparence d'un espoir
l'espoir de l'amour l'espoir de la liberté
l'espoir qu'un jour nous vivrons tous pour aimer.

1952

JEU D'EAU DU RÊVE

Sur le rivage la marée vient soulevant ses seins
et s'en retourne avec ses vagues déchiquetées
dentelle d'eau salée sur nos poitrines meurtries

nous apprenons avec la mer à respirer
comme on ouvre et ferme les yeux sur un visage aimé
ou un amour détruit

et viendra l'accalmie

nos rêves un jour ne nous quitteront plus dès le matin
ne nous quitteront plus nos enfantins châteaux de cartes
le valet de cœur ne servira plus le roi
la reine entrera nue dans le bois
la dame suivra
le carreau s'ouvrira rouge et le trèfle noir
reprendra la clef des champs

je pique en plein cœur
et voici le lit où naîtra le printemps.

1952

UN JOUR À REFAIRE

Au terme du nid l'oiseau blessé
aux plus petits les grands envols
les champs ensoleillés

aux plus petits
les nuits d'encens
le pain doré

nous voulions tout vous donner
nous espérions beaucoup
nous avions tout préparé

des linges propres
une eau potable

déjà nous commencions à rêver
mais un vent fou a détruit nos travaux.

1952

NOS CHÂTEAUX LIVRÉS AU FEU

Le temps est venu de passer par le feu
doubler la flamme à l'instant fatal
pour n'avoir des châteaux que l'essentiel

des châteaux de cartes la cendre
d'une main les lignes
d'un doigt l'anneau
de la vie le souffle

et un peu de chaleur au front
une fièvre pour tout ranimer.

1952

EN PROIE AUX PIRES MALHEURS

Après les pétales si finement étalés
après des jours où plus rien ne comptait
sauf un soleil qui nous faisait anneau
nous entrons dans un lit parsemé de banquises acérées
fjords compliqués des cauchemars

au-dessus de notre lot tournoie l'oiseau de proie
bec au clair et toutes griffes dehors

mais je vois les lendemains faciles
les eaux douces sur nos terres d'abondance
et je saisis le vorace

je lui crache à la face
je lui brise l'aile
je lui ouvre l'œil
je lui crie rapace
je fends l'air
je le pourfends

ainsi assailli l'oiseau de proie remonte vers
    les cimes neigeuses d'où plus tard il tombera
    en pluie de plumes légères et inoffensives

pour chasser le malheur il faut être deux.

1952

TOUS FEUX ÉTEINTS

Immense et pâle belle à ravir
quand elle ferme les yeux
ses yeux-ciseaux
pour couper le fil du temps
oublieuse des saisons
et doucement cesser de battre
cesser
ces si beaux jours
ces si belles jarres
et l'eau claire de l'amour versée
dans la mare de boue

*

Dans les flammes de l'horizon
l'avenir debout
et toujours le brasier
le baiser de braise
quand plus rien ne pèse
dans nos regards éteints

*

Miroirs
miroirs sans tain
miroirs pour enfants
qui ne savent pas encore voir
dans les lignes du visage
l'image de leur destin.

1953

SEUL JOUR

Lente mémoire des moments lourds
le front contre la paroi obstinée
la plaine verte plein la tête

le dîner la soirée la nuit sans une parole
et le désert envahissant

au loin la foule vociférante engloutie

seul devant l'avalanche
seul
mais peuplé comme une ville surpeuplée.

1953

PAR MES MAINS

Ils ignorent ce que je fais
encore plus ce que je tais
mais moi ce sont tes
yeux-miroirs tes seins-oursins
tes doigts-de-laine
que j'aime
ta voix de soie et ton cœur ailé
tout ce que tu es
au moment d'entrer dans un monde
de toutes pièces inventé
du brin d'herbe à veines d'ivoire
au soleil d'or liquide.

1953

POUR TOUT EFFACER J'AVANCE

Tout l'or des matins s'évapore
arrive la saison des vents d'ombre
où la nuit interminable hurle à la fenêtre

je vois les champs renversés
les champs inutiles où l'eau potable se gâte
des yeux qui ont soif me dévorent

et pour ne pas mourir dans l'ombre
j'avance une lueur d'espoir
sur le plus affreux carnage

j'avance sur parole
les plus belles transparences

j'avance la dernière palme
et un bras nu se lève
comme une aurore promise.

1953

LE SILENCE MURMURE

Le silence murmure
un mot remue au fond du verre brisé
un remous d'eau claire
un mot d'amour un mot ramage

la soie des soirs nous attend
au long des jours d'ennui
la soie des soirs au coin des yeux
comme une eau promise

et le matin fine aiguille pour percer
le ballon des rêves si léger
si léger
qui nous portait si haut et si loin

hors de tout
hors de nous-mêmes
hors de terre surtout

plein ciel où l'amour est en nage.

1953

LES DÉMUNIS

Venir de loin
de plus loin encore que la vague anonyme
de plus loin encore que l'étoile filante d'août
venir d'où l'on ne se souvient plus
venir les mains vides
poitrine trouée
sans raison
et repartir sans plus de raison les mains vides
poitrine trouée.

1954

LA LIMITE DU SILENCE

La blancheur agonisante dans les brancards
les mêmes mots répétés jusqu'à moi et mort
vienne la métamorphose du dernier désir
et un nouveau départ à zéro
pour un pays sans faune ni flore
où habite un peuple sans langue.

1954

MORNE GLÈBE

Air aigu des soirs de hurlements
quand le vent vient abattre nos totems
le sable de l'immobile quotidien avalé
se soulève de son désert
plus rien alors d'inébranlable
et s'enfument les plus claires surfaces
se crispent nos langes de nuit
pour une absence lourde et indéfinie

la couleuvre rampe de cellule en cellule
flairant la prairie morte l'étang morne
l'eau se tourne vers la moisissure
et sans aucun reflet au front
le voyageur s'enlise
dans les jours que nous vivons.

1954

FEU FOU

Feu désert
feu des nuits sans même une eau limpide
dans le blanc de l'œil
feu de paille et de boue
feu stérile
feu pourri
nous aurions pu te détruire
te faire rendre ta dernière étincelle
te prendre à la gorge et t'étouffer
t'éteindre
ou te disperser en plusieurs foyers
que nous aurions ensuite foulés du pied
mais nous avions besoin de ta chaleur
et de ta lueur
pour habiter nos ombres glaciales

la poudre d'encre dans nos veines nous affaiblissait
et par-dessus tout nous pesait cette obscurité
dans laquelle il nous fallait regrouper notre être
sans cesse écartelé aux quatre vents de l'opaque

et toi
feu idiot
tu brûlais tout sans voir et sans savoir
nos pires erreurs et nos lettres d'espoir
tu nous brûlais les paupières
tu nous brûlais la poitrine
nos châteaux de cartes et nos ignobles ruines

feu idiot
feu fou
tu te jouais de nous
mais dans ton ombre déjà nous préparions ta cendre.

1955

DIFFICULTÉ D'ÊTRE

L'être impossible en voie d'apparaître
sur un terrain familier
l'être d'éther d'ocre jaune délétère
à l'air de haut palmier
l'être de grands vents d'ouragan
dans un ciel clair d'été
l'être d'alcool et d'âcre fumée
tout le côté aigre d'une vie amère
apparaît soudain au fond du verre.

1955

UN JOUR DE ROSE OVAIRE

Un jour de rose ovaire
quand le vent ne siffle plus sur l'atoll
et qu'au centre de la géode
repose la nèfle

un jour de nébuleuse
le corps abandonné sur le chemin de crête
la meurtrissure au coin de l'œil

une dernière voile passe qui conjure le retour
mais le geste meurt au sortir du cœur
et la vue s'enlise dans son mirage
l'image ultime et sa transparence
visage lilial de l'avalanche

au corselet des libellules
resplendit la rose occulte.

1955

LA FONTAINE ET LE LIT

Les lustres de décadence au ciel abîmé
les lustres de nuit et cette luciole au cœur du lit
le sable de l'habitude renverse l'attente
au pied de la défaite
et le jour vient avec sa fontaine neuve
son cortège d'adieux
et ses cris perdus dans les chemins de ronde

nulle pierre ne tombera dans cette eau calme.

1956

TRISTE FORTUNE

Je reviens de la mer où la boulangère s'est noyée
je reviens avec pour seul pain
une vague anonyme dans mes yeux salés
et dans mon cœur une écume amère
à jamais celée.

1956

DEMI-DEUIL

Un cimetière de cornes d'abondance
une femme nue sur un lit de coquillages
    qui murmurent une mer monotone
un sillage perdu

au terme du voyage
un halo de silence attend les évadés

on n'a pas vu les îles promises
on n'a pas vu le volcan bleu
non madame la marquise
votre château n'est plus sur l'eau

et la marquise prend un visage de sel
pour retourner à la tour
où se meurent ses dentelles.

1956

LA ROSE FUTURE

I

Au quart de lune ou à la rose trémière
sur le trèfle ou sur le cœur
s'arrêtera la roue de fortune
et l'épée au centre de la table d'émeraude partagera
le sang de la terre

la perle noire décidera du jour à venir
rondeur des heures ou instants de douleur
le tigre entrera de plain-pied dans la réalité
le tigre ou le serpent sacré
toutes griffes dehors ou le venin purifié
pour un retour aux transparences premières

II

Aucune lueur sur la lagune mais la foudre guette
sous le manteau le fouet d'acier attend la chair
et les trophées gisent par milliers
sur les chemins de glaise

le temps de l'éclair passé
nous reprendrons place aux fenêtres d'exil
l'ombre de la sentinelle est son ennemie
et les ombres seront abattues comme des ombres

III

Au coin de l'œil défileront les grandes forêts décapitées
de derrière le roc surgiront les pyramides de bois de lit
puis la rose des bois le bois de rose
et la rose au lit de bois pour un amour sans défaite

on oubliera le nœud de veines rouges dans le bois blond
la flamme retournera au cœur du foyer
où ses cendres furent dispersées et reprendra sa tâche

IV

Dans le remous de nuit le vorace veille toujours
les ailes déployées au-dessus de la proie heureuse
couchée sur la margelle du puits.

1956

UN AMOUR AU LONG COURS

Femme de toujours
nue dans les champs du désir
femme des premiers gestes d'amour
dans un lit anonyme
une nuit blanche sous la lune neuve
femme que je hante et abreuve
femme de toutes mes heures
j'écris ton nom en lettres capitales
au fronton de mes demeures.

1956

CORPS GLORIEUX

Un amour béant au milieu du lit se fait jour
un amour nu flambant et sans atours
deux seins comme pains de miel sur nappe de lin
des bras bleus de mer caspienne
un ventre doux comme une terre de sienne
et un sexe de lents remous
ouvert sur une plage de délire
n'attendent plus que la dérive.

1956

LUI RESTE

Je divague mais lui veille
je délire mais lui calme
je respire mais lui pèse
je renonce mais lui darde
je faiblis mais lui force
je tremble mais lui serre
je ploie mais lui brise

j'avance mais lui me hante

et quand je pars lui reste
et déchiquette sur les rives de mon domaine
mes secrètes énigmes mes dernières palmes.

1956

UN MONDE MOU

Des hommes grands gros gras saignants
des femmes minces fines douces et fluettes
un peu fées mais aussi très flammes
des hommes grenouilles
des femmes flasques
des enfants désossés
des pyramides de farine
du sang perdu
de la peau morte
des hommes vagues et lisses sans écume
des femmes algues en eau stagnante
et sous cet agglutinement d'êtres
un homme réduit à sa plus simple expression
un homme essentiel
meurt lentement
la poitrine ouverte la bouche cousue.

1956

OGRE ODIEUX

Toi qui habites les chairs meurtries
toi qui consumes les plus beaux avenirs
toi qui ancres la haine au cœur des printemps neufs

toi qui salis
toi qui baves
toi qui englues
toi qui ruines
toi qui prostitues

dis-nous
quand donc seras-tu rassasié ?

quand aurons-nous la nuit douce ?
ogre odieux !

1957

LA NUIT HUMILIÉE

Il fait jour sans nuages cette fois
il fait clair dans tes yeux
où la rivière sauvage se noie

aujourd'hui tous les paliers seront gravis
les ardoises gravées de signes nouveaux
l'ombre et la pénombre abolies

aujourd'hui se déploient mes vaisseaux
sur une mer étale et conquise
les figures de proue ouvertes au soleil

je te croise et te décroise aux confins de mes voyages
bouée salutaire et immuable
je te retrouve comme une étoile sacrée
à l'entrée de mon estuaire

aujourd'hui la nuit est humiliée.

1957

PLUS VERT QUE NATURE

C'est la saison des seins régnants
dans les champs du plaisir

la main butine et fait son miel
au cœur de la ruche première

le trèfle est amer
et le soleil a un visage de cire.

1957

LA DÉFAITE ET LE REPOS

À l'heure de la défaite
l'étendard flotte encore au-dessus de l'étang noir
mais n'a plus sa frange d'or
et ses plis ont perdu la noblesse du vent

la nuit rampe et s'infiltre dans le dernier halo

le calme vient pour lequel nous luttions
un calme étranger une lumière soumise
et nous retournons à notre lit d'oranger

un pétale d'iris nage dans une mer étale.

1957

UN BEAU CRIME

La scie à découper les chairs
la scie à dents d'ivoire
au cœur de la boulangère
ouvre une rouge trajectoire

sur la place du crime
l'œil se perd
et se retrouve plus clair
à l'ombre de l'arme

le sang fuit
le fruit faible

la boulangère dort
sur son pain rassis.

1957

LA FOLIE PASSE DEBOUT

Le cœur traversé le vent l'emporte ailleurs
hors de nous-mêmes dans les étangs de fièvre
et nous attendons l'heure des grandes caravanes de sel
ou une fête de fleurs sur une banquise perdue

le silence quitte la ville et nous laisse sourds
face à de grands cris rouges qui zèbrent nos murs

la panique la douce panique dort au coin du feu
mais il n'y a plus de feu
il n'y a que le rouge sombre de la folie
qui lentement pâlit et passe au jaune d'œuf

les tours ont beau libérer leurs sirènes
ce n'est pas à nous de renverser nos jardins
ce n'est pas à nous de prendre l'éclair pour le lys
(nous gardons l'œil clair pour un envol d'hélices)

nos chemins sont de ronces mais pas de boue.

1957

HISTOIRE NATURELLE

1

La mer est seule ce soir et broie du noir
si seule et si vide qu'elle tiendrait tout entière
dans un miroir de femme du monde

2

la lune se couche amoureuse et se lève veuve
dans un lit d'étoiles orphelines

3

le paysage souffre au plus profond de sa verdure
l'épée oubliée entre l'arbre et l'écorce
le fruit au centre de la blessure

4

dans les jardins suspendus une parade de feu
l'éclair en tête célèbre l'arrivée de la cendre
on met aux fleurs des couronnes de braise
qu'elles portent comme des reines

5

la plaine est triste et appelle le vallon
mais c'est le volcan qui s'éveille
et le volcan crache mille soleils
qui retombent dans mille champs déserts

6

au cercle polaire c'est la ronde des banquises
en robes d'hermine et cols à paillettes
autour d'un igloo en flammes
les grands glaciers ont l'œil terne en ce jour de fête

7

les îles partent vers de nouveaux archipels
et derrière les îles viennent de jeunes oasis
avec leur eau précieuse et leurs palmiers d'ombre

8

le désert laissé à lui-même se noie dans ses sables
devenu inutile l'horizon sombre dans une douce folie
et multiplie ses mirages :
caravanes d'enfants et villes désuètes
corbeilles d'amants et proches planètes

9

le fleuve majestueux dans la défaite
refait ses vagues et fait l'amour au lit
comme aux plus beaux jours de sa jeunesse
il faut mourir chez soi quand on n'a pas de linceul
dit la rivière en se renversant

10

dans le ciel rouge une main bouge.

1957

L'ÂGE DE LA PAROLE

Un vent ancien arrache nos tréteaux
dans une plaine ajourée renaissent les aurochs
la vie sacrée reprend ses ornements de fer
ses armes blanches ses lames d'or
pour des combats loyaux

le silex dans le roc patiente
et nous n'avons plus de mots
pour nommer ces soleils sanglants

on mangera demain la tête du serpent
le dard et le venin avalés
quel chant nouveau viendra nous charmer ?

1957

SANG ET OR

Centre cœur ou abîme
ces oasis ne sont plus que tombeaux
où le corbeau est roi

sang et or coulent
là où la terre autrefois accusait
le poids du repos

chair et soleil
ne sont plus que mots
que nulle flamme n'embrase

fièvre et folie
et la terre seule en ce jour calme
se saigne et se dore.

1958

LA VUE REPUE

Le vent d'ombre sur ce corps noir
trace un appel déchirant

le torrent s'avance à portée de la main
avec son masque de chair glaise

le secret plane au-dessus de l'étang
le sang se fane

il n'y aura rien à rapporter
de ces lieux de mémoire trouble
qu'une image trouée : la vue repue.

1959

DEVANT LE FATAL

Devant les roues brisées d'un voyage imaginaire
    je te disais: ouvrons la mer

devant l'épée nue parsemée d'étoiles
    je te disais: j'habite la corolle

devant le miroir ovale de ta beauté
    je te disais: confondons le brasier

devant le jour qui passait entre tes lèvres
    je te disais: encore une heure de fièvre

devant la fureur hurlante au balcon
    je te disais: la bonne saison

devant les fléaux qui pourrissaient à notre porte
devant le rouge barbare de la cohorte
devant les gestes lourds des témoins
devant les lignes brisées de nos mains

je te disais toujours le merveilleux possible.

1959

MÉMOIRE D'OMBRE

Ombre et mémoire illusoire
l'amer des jours sans feu
en pays déserté
en forêt muette
en présence inoubliable d'aigles repus

ombre et mémoire des demeures
hautes en plaisir
capitales en amour
aux portes mêmes de la douleur

ombre et mémoire d'avant l'ombre
quand l'aube se multipliait avec nous
sur la pente d'un avenir transparent
quand la tour la carène l'émeraude et la mouette
étaient de verre

ombre et mémoire du désir
d'une voix sans mots au cœur de la furie
de l'écho des mers dans les palais
du sang précieux des pierres
libre de toute alliance
d'or rose
et libre

ombre et mémoire idéale
pour les rêves d'Aline nue
au lit de cristal

ombre et mémoire d'ailleurs
au lieu-dit l'Étang-Noir
où naguère ton visage embrasait
les chemins de sombres fougères

ombre et mémoire polaire
en ces jours de givre sur nos lèvres
pour sceller un silence parfait
sans secret
sans regret.

1960

LES NUITS ABAT-JOUR
1949-1950

LE GRAND JOUR

Plus tard le ciel déchiré de cris
plus tard les enfants nus
plus tard les bruits légers des belles rencontres
plus tard les poignets cernés par l'amour
plus tard la pitié des affamés
plus tard le livre comme un oiseau blanc
plus tard le culte des innocents

beaucoup plus tard
au moment de la grande clarté
au moment de la grande éclipse
les éclats de lune répandus sur le soleil
et les traits de plume sur les murs froissés
traits rouges rapides cruels
et plume d'hirondelle
immobile au sommet des taudis
pour entretenir le bleu des toiles
pour supporter le toit absent
longues absences d'autrefois
d'aujourd'hui et de toujours

beaucoup plus tard
le ciel déchiré de cris
déchiré comme une aile.

APPARENCE DERNIÈRE

Le soleil se dédouble
pour entrer dans les yeux d'un navire en détresse
en pleine forêt
les algues noircies mêlées aux fougères humides
le sang dur et le mercure
le mercure au centre de tout
le mercure dans nos veines tordues
s'échappe en fumée bleue
et vingt nuages pâles enfoncent le front
du dernier homme à l'apparence humaine

à quelques pieds de la vertu la clarté du cœur
s'évanouit dans le lit du bourreau.

L'HOMME À LA PAILLE

Il vécut vingt ans avec une paille dans l'œil
puis un jour il se coucha
et devint un vaste champ de blé.

AGIR AINSI

Au fil de l'air propre et léger
au long fil des années perdues
tu prends forme de femme
femme complète femme immense
nue pour un regard intense
tige pâle au sortir de l'eau

le jour se multiplie
en autant d'abeilles capricieuses
que tu montres sur tes seins
ailes ouvertes au vent du matin

ailes ouvertes à tout ce qui vit
tu deviens ce que tu rêves
et je rêve d'un manteau blanc
pour les yeux sans défense.

LÉGENDE D'UNE PHOTO IMAGINAIRE

De gauche à droite :
l'anneau aquatique
le train télescopé
la bande sonore
l'arrêt du cœur
l'ennemi
le lait le pain la table
l'ami
et au centre
debout dans les fougères momifiées
un éventail aux yeux
plus larges qu'une forêt.

SAISONS MORTES

Il me faudrait un petit animal vivant
très vivant
debout dans le creux de ma main
couché sur mes paupières
ou libre

pour me rapprocher des saisons.

TU T'EN IRAS

Il ne faudra pas défriser l'orage
il ne faudra pas non plus briser le verre
qui entoure les alvéoles blondes
tu t'en iras en pleine nuit
laissant le feu à son désespoir

il ne faudra pas se retourner
car tu t'en iras comme une statue de sel
que la pluie polit
que la pluie caresse du doigt
tu t'en iras laissant tout derrière toi
dans un désordre de lune de miel

il ne faudra pas crier
car tu t'en iras au son du cœur
laissé entr'ouvert derrière toi
au seuil du repos.

LE PIRE MOMENT

La cendre et la cendre
la lune sous les décombres
la pierre irrémédiablement broyée

j'entre au pire moment
au moment où l'on ferme les yeux
au moment où tout s'éteint
au moment où la mer ne suffit plus à cacher le ciel
où il faut renoncer à nos jeux innocents

les regards limpides se perdent
dans une aube boueuse
la clarté revient sur ses pas

j'entre au moment où il faudrait sortir.

LES POÈTES PRÉVOIENT

L'eau glauque l'eau glauque
je me souviens aussi de l'amande
de l'eau glauque de l'herbe tendre
les ailes froissaient déjà les miroirs

nous avions prévu
nous avions prévu l'eau glauque
l'amande et l'herbe tendre
mais nous n'avions prévu
ni les ailes ni les miroirs

nous fûmes décapités.

LE MAGICIEN

Elle pensait à lui
comme on pense aux coquillages
laissés sur la plage humide
elle pensait à lui
comme on pense à un oiseau
enfermé dans un encrier
elle pensait à lui
comme on pense à du verre brisé
qui reflète encore un peu de soleil

elle pensait toujours à lui
en pensant à autre chose

lui était magicien
exilé sur une île déserte.

MIDI PERDU
1950

Il était midi
heure passée des présences attendues
la fumée entrait par tous les pores
la cendre s'installait dans nos corps
nous ne savions plus où ficher les bâtons blancs
    qui nous servaient de boussoles
la main répétait la tête
un œil répétait l'autre
et la tête roulait dans la boue des veines ouvertes
    au grand air.

nous commencions à apprendre qu'il y a trois fois
    plus d'eau que de terre
et que la terre est une bille noire

je dis vagues
vagues nocturnes
vagues à l'âme

il était midi

ce qui nous servait d'abri était plus pâle que nous-mêmes
plus faible plus maigre plus fragile
et de beaucoup plus dénudé

le pavillon flottait encore au sommet de la mer quand
    nos rêves se déchirèrent et retournèrent à la nuit
nous agitions les mains dans un aquarium pour oublier
    la sécheresse de quelques heures
pour oublier le désert nous marchions nus dans les
    ruisseaux

il était midi sur tous les visages
lumineux cadran des mirages
et couchés sur le rivage
nous rêvions encore de nos rêves éteints

il restait quelques mots à répéter par cœur
les autres étaient à écrire

revenir en arrière et chercher dans les décombres ce qui
    peut subsister d'un tableau peint au blanc de zinc
revenir en arrière pour un mot qui nous échappe
un mot pâle sans intonations
revenir en arrière à la lueur d'une mémoire sans cesse
    vacillante

obscurité inquiétante du plein jour

et toi
TOI
tu m'apparaissais de temps à autre quelquefois
    pas souvent rarement même
tu m'apparaissais toujours entre deux cris poussés
    du fond de l'être
tu m'apparaissais entre deux nuits
comme un midi
drapée de tous les mots que je t'avais dits et cent
    mille fois répétés

on ne savait où donner la tête
plusieurs la donnaient au premier venu
d'autres la donnaient au lit du fleuve
les magiciens travaillaient jour et nuit
à en faire disparaître des centaines

et toi
TOI
je voyais ta chevelure à la dérive
tes mains signalant de trop nombreux écueils

nous avions beaucoup à faire
nous avions à espérer pour des milliers d'autres
qui n'espéraient plus
nous avions trop à faire
rire et pleurer à la fois

on voyait la vie s'en aller en balançant les hanches
encore fraîche et séduisante
encore provocante
la vie s'en allait
la vie prenait le train de midi
et penchée à la portière elle nous faisait signe de la main
nous nous étions tous rendus à la gare
proprement habillés
chemise blanche et cravate rouge
nous étions au départ de la vie
elle partait
et nous la regardions partir lui souhaitant bonne chance
bon voyage
bon voyage

LA VIE S'EN ALLAIT
et quand elle fut partie on se mit à se regarder
l'un et l'autre tristement les uns les autres
sachant bien qu'elle était partie pour toujours
qu'elle ne reviendrait plus

elle était partie
nous laissant ici
en plein midi

nous ne savions que faire – où aller
tellement habitués nous étions de vivre avec elle

il était midi
nous nous en souviendrons
il était midi

la lune était déjà haute au-dessus de nos fronts
armes blanches à la main
la nuit attaquait de partout
le jour faiblissait

les animaux s'agitaient rugissaient
le ciel rougissait
la forêt vierge hurlait de douleur
le sable absorba autant de vagues qu'il put
puis se noya
se laissa noyer
à bout de forces

il n'était pas le seul…

NOUS nous étions seuls.

YEUX FIXES
1950

Je suis debout
accoudé à la dernière barrière de l'être
l'œil rivé aux petites explosions
qui secouent les galeries
je me souviens avoir déposé des mines un peu partout
à l'intérieur
pour voir le sang mêlé à des corps étrangers
histoire de voir.

Le ciel.
Le ciel se déplie et s'infiltre doucement dans les blessures ouvertes, les points saignants de l'homme comme des étoiles filantes, filantes et lancinantes étoiles sur un velours usé jusqu'à la corde du cœur.

Le ciel.
Ce n'est pas le ciel qui vient à moi, c'est moi qui vais vers lui écrasant au passage les pétales et les ronces, les roses et les chardons. Écrasant tout pour tout faire renaître dans le délire.

Réduire en poudre – le marteau-pilon – réduire en poudre, fondre, puis cristalliser sous forme de fils de fer barbelés. Il s'agit ensuite de faire une enceinte de ces fils et de s'y jeter à corps perdu. Quelques-uns en sortent indemnes...

Ainsi ai-je vu des hommes sortir immaculés d'une forêt de boue et de ruines. Deux ou trois. Grandeur nature.

Mais il faut continuer. Toujours continuer. Continuellement.

Le jour se fait jour et se fait nuit tour à tour nuit et jour. J'avance. J'avance comme l'eau de la rivière vers la chute pour me réduire totalement en gouttelettes, en vapeurs, ou poursuivre ma course, de plus en plus dénudé, de plus en plus fort.

Presser le pas, le presser comme un citron. Mettre un pied devant l'autre puis l'autre devant l'un. Poursuivre. Toujours additionner, deux et deux font quatre et multiplier à l'infini.

À ma droite : rien. À ma gauche : rien. Derrière : moins que rien. Tout est devant. Je tourne le dos à l'ombre. Les lianes se dressent en l'air en un monument irréductible, un entrelacement de chemins de fer sans passage à niveau.

Bientôt, le volcan sonnera midi et je serai dans sa bouche crachant moi-même le feu et la lave qui envahiront des milliers de villages squelettiques où vivent des êtres éteints, sans le moindre regard d'espoir, sans le moindre chant sur leurs lèvres écroulées comme une dentelle. Je serai au centre du feu, explosant comme une grenade, projetant partout le sang avalé depuis vingt années, le sang qui depuis vingt ans va du cœur à l'extrémité des doigts et revient sur ses pas, chaque fois plus exténué, plus pâle et plus découragé de ne pouvoir aller plus loin.

Je crépite.

Éclaterai-je ?

Le marbre se soulève, péniblement, veines gonflées, pour retomber aussitôt dans un fracas d'orage électrique, inanimé, aux pieds de l'eau froide qui rugit.

Je fuse.

Et le geôlier se meurt d'ennui devant la cendre des fontaines stériles.

Je refuse.

Et les animaux morts de la peste renaîtront tous sous le signe du mouton blanc offert en holocauste. Le bon mouton. Le mouton-silence fait pour mourir à l'écart du troupeau, sans tambour ni trompette, sans amour ni fauvette.

Je suis de plus en plus perpendiculaire au sol, perpendiculaire au sol en même temps que parallèle à la route qui mène à l'intérieur des terres. JE SUIS LE MINISTRE DES AFFAIRES INTÉRIEURES, celles obscures, celles inextricables, et le jeu consiste à s'y perdre et s'y retrouver alternativement – tant que cela dure – s'y retrouver pour s'y perdre – tant qu'on en a le cœur – s'y perdre et s'y retrouver, plonger, revenir à la surface (le ciel est bien à sa place) et replonger plus profondément, toujours plus profondément.

Les plongeurs de perles quittant leur habituel travail s'occupent maintenant de ramener les cœurs à la surface puis ils les apportent sur la rive où tous peuvent les voir palpiter, soulever régulièrement leurs ailes rouges, et, un jour ou l'autre, un beau jour, ils s'envolent. Alors les plongeurs, récompensés, se laissent docilement noyer et, un jour ou l'autre, un beau jour, leur cœur est repêché et ramené à la surface par d'autres plongeurs de perles eux aussi devenus plongeurs de cœurs.

Toujours ainsi.
Toujours ainsi de suite.

Continuer. Continuellement.

Ainsi je me trouve au niveau du métal. Je suis maintenant une goutte de mercure affolée dans une assiette de verre. On voudrait bien m'amalgamer mais je tiens à demeurer mercure pur et simple même au risque de servir de thermomètre pour les fièvres volcaniques. Encore là, ce serait l'éclatement, l'éternel éclatement. Vivre constamment en état d'éclatement. Pouvoir projeter son intérieur comme une boule de neige, qui s'éclabousse sur un mur. Les boules de neige habilement lancées finiront bien par desceller les pierres et mettre à jour la nudité du mur. Atroce nudité du vide.

La vérité toute la vérité rien que la vérité.
Dites je le jure.
Je le jure.
Bien.

(Tout est bien qui ne finit point dit la queue du tatou et la queue aussitôt devient tabou.)

À présent je me tourne vers les vaisseaux sanguins qui lancent des signaux de perdition. Les cœurs en détresse. S.O.S. S.O.S. S.O.S. La perche tendue est demeurée suspendue dans le vide, la bouée s'est évaporée. Une voile, une petite voile trouée, flotte encore à la dérive.

Néanmoins il me reste un souvenir : le nom du bateau sur la casquette du capitaine. J'ai mis la casquette dans un aquarium couleur locale.

Un phare ferme les yeux, la sirène dort.
N'approchez plus.
Récifs.

Je me tourne vers ce qui ne tourne plus. Je me dis qu'avec un peu de patience tout finira bien par marcher, même les baobabs, même les châteaux, même les oranges, même les pyramides, même le pain, même les fenêtres, même le sphinx, même le sable mou deviendra sable mouvant… avec la patience du sommeil.

Je me tourne vers les cris, espérant des échos. J'invente une nouvelle baie des Ha! Ha! où même le silence a son écho, où tout est multiplié par deux:
> le battement du cœur et son écho
> le clin d'œil et son écho
> le rêve et son écho
> la main et son écho
> le repos et son écho
> le travail et son écho
> la douceur et son écho
> l'amour et son écho
> le mot et son écho.

Je me tourne maintenant vers les hauteurs. J'escalade. Les cimes froides rivent l'œil à l'orage. Je découvrirai sûrement l'altitude de l'homme; là où il peut planer indéfiniment, jeter du lest jusqu'à devenir lui-même un vaste courant d'air, un cumulus terrifiant ou un simple petit nuage blanc. Un petit nuage que l'on pointe du doigt, que l'on regarde vivre au fil du temps.

Et puis il y a la poussée du vent
il y a aussi le raz-de-marée
il y a aussi la tornade
il y a l'ouragan la trombe l'éruption
mais de plus en plus le pavillon se hisse, des mains et des pieds, se hisse à perdre haleine vers un orifice tempéré. L'oriflamme se déploie comme une fenêtre qui s'ouvre. L'oriflamme-flamme, celle que nous avons tissée de notre insomnie, devient un point d'appui, un point de repère pour nos voyages lointains, sans itinéraire, sans carte géographique, sans autre boussole que la pointe vibrante du cœur constamment en éveil. Le mince fil de verre déroulé dans les dédales du labyrinthe s'évanouit à tout moment dans nos mains craquelées, et lorsqu'il revient à lui, nous nous trouvons dans une opaque obscurité toute pétrie de lames aiguës, nous nous butons au tranchant de la lame ou sur un écriteau phosphorescent : « Défense de rebrousser chemin, on ne revient pas sur ses pas. »

On ne revient pas sur ses pas. Depuis longtemps l'herbe foulée s'est fanée, le sentier s'est écroulé derrière. Les barreaux de l'échelle qui ont supporté notre poids n'ont pu résister plus longtemps.

Toute retraite coupée.
En avant.
Marche.

Il faut que le fleuve se poursuive, à perte de vue, à perte de vue même pour les aveugles. Un lit n'a pas de limites. Un fleuve ne connaît pas de frontières. Et l'on retrouve sur les rives, au printemps, quelques belles chevelures noyées par le courant, quelques lèvres couvertes encore d'écume, quelques boucles d'oreilles devenues coquillages séchés.

En certains milieux on dit que c'est la rançon, ailleurs, à voix basse, on répète une chanson.

Et tout continue. Continuellement.

Je lance dans le Vide une pierre angulaire. Elle tombe, pierre philosophale, et, rendue à un certain point du Vide, s'arrête. Elle s'épanouit, éclôt, et partout autour s'étendent ses ramifications multicolores comme un entrecroisement de cristaux formant bientôt une plate-forme qui, en tournant sur elle-même, s'élargit sans cesse en progression géométrique dans l'espace.

Pendant un instant, un court moment, je crois avoir jeté une base sur laquelle je peux m'avancer mais voilà qu'en y posant le pied tout mon corps passe au travers de ce plancher qui n'était qu'un ignoble mirage, couche traîtresse de lumière néon.

Et dans ma chute je vois bien
je vois très bien
que nous ne sommes pas près de toucher le fond
de ce trou obscur.

Je n'ai plus qu'à me laisser descendre, suivre ce courant hallucinant que j'agite moi-même, de mes propres mains et de tout le souffle que renferment mes poumons.

Je continue. Je m'enlise. Et il me faut bien avouer que je m'enlise parce que je *veux* m'enliser.

J'obéis à cette rage de connaître l'intérieur de ces marais de sang coagulé mêlé de larmes et de sperme. J'essaie tant bien que mal (tant bien que mal) à travers mes yeux brûlants de distinguer quelques formes humaines ayant encore quelque chose d'humain.

Enchevêtré dans cette noire mélasse, je répète à tue-tête :
« volupté velouté volute et vélo »
et à chaque syllabe j'avale un peu de cette mélasse qui est plutôt le goudron bouillant dont on se sert partout pour réduire l'homme au silence.

vo – (goudron) lup – (goudron) té – (goudron)…

Peut-on de cette façon parler encore longtemps ?

Je me sens fumer.

Le ravin puis la haute falaise. Tandis qu'à mes yeux le paysage apparaît et disparaît, que le soleil s'éteint, que le ciel bascule, je trace sur une feuille blanche suspendue à ma ceinture cet étrange graphique :

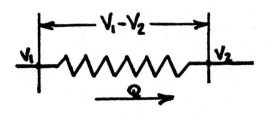

et c'est la folie des montagnes russes, le délire de la montée, l'autre délire de la descente et sous la pression qui s'établit, la tête vire comme un carrousel, le cœur-piston bat au rythme de 8426 explosions à la seconde, juste ce qu'il faut pour lui donner un aspect d'astéroïde.

(Les Indiens d'Amérique ignoraient le vertige.)

Au bout de quelques années, le corps entier se trouve pris dans une immense toile d'araignée dont chaque fil est solidement amarré à une action passée. À ce moment précis, il s'agit de perdre la mémoire, de la lancer aux pieds de l'araignée vorace. Alors chaque fil se dénoue et il ne reste bientôt plus qu'une pâle cicatrice, hermétiquement close, à l'endroit de la tempe.

Du noir au blanc, il n'y a qu'un pas : L'OUBLI.

Dans le cas du tableau d'ardoise, c'est le contraire : c'est un passage du blanc au noir obtenu par l'éponge. N'ayant qu'un seul tableau, il s'agit de le violer puis de lui redonner successivement sa *noire* virginité.

Pour chaque image reflétée dans le miroir, une autre se perd, s'efface.

À la fin, il ne nous reste toujours que la chose de la fin :
        La dernière heure.

Mais la dernière heure n'est pas venue et ce n'est pas en vain que des hommes, usant de toutes leurs forces, reculent cette dernière heure. Arc-boutés à l'amour, ils lui font perdre du terrain, gagnent sur elle seconde sur seconde avec l'espoir qu'elle fera définitivement volte-face et s'enfuira vaincue, effrayée par tant de rage à conserver entre les dents un si minuscule ruban de vie.

Et la rage est d'autant plus grande que ce ruban leur est sans cesse déchiqueté, lacéré, souillé à n'être plus qu'une vague chose noire et boueuse à laquelle ils tiennent encore.

Ceux-là y tiennent
mais il en est d'autres
qui n'y tiennent que par un fil avec au fond d'eux-mêmes un petit désir, un petit désir que le fil casse... pour en finir.

Ceux-là s'acharnent à vomir ce bout de ruban qui colle aux lèvres, qui tient bon. Eux, ils n'aiment pas le goût amer et voudraient bien cracher l'amande mais toujours quelques doigts (dans un but compatissant) s'enfoncent dans leur bouche et maintiennent l'amande amère au fond de la gorge.

— Veuille ou ne veuille pas: VIS!

Et ils se promènent lamentablement, un ruban collé à leurs lèvres et dans la gorge ce goût amer de l'amande.

— Continue! Va! Vis!

Et dans leur temps libre, patiemment, ils se construisent des abris, tissent des puits, peignent des forêts vierges, des brousses inexplorées pour pouvoir s'y retirer et vivre en paix avec leur sale ruban et leur amande amère. Mais cela ne dure pas longtemps. On envoie des armées piétiner tout et le lendemain c'est à recommencer… en attendant… que le fil… casse…

Vous comprenez ce que je veux dire ?

Le carcan, la roue, la planche à clous, la goutte d'eau trois cents milliards de fois répétée sur le crâne, lentement, à petits coups, à petits coups à devenir fou. Vous comprenez ?

Comprenez-vous que c'est incompréhensible ?

Qu'un jour tout s'obscurcira et qu'alors tous, pas seulement quelques-uns, se chercheront. On criera, on gémira, on s'appellera par son nom, à haute voix, très haute, on n'en finira plus de tâtonner et malheur à ceux qui ne seront pas un peu habitués à la nuit. Il faudra avoir des yeux de chat dans les poches, il faudra aussi agiter les bras comme des drapeaux blancs.

Moi, actuellement, je dresse la tête.

J'essaie de me survoler afin d'envisager dans toute leur étendue les défauts de ma cuirasse et je vois que j'aurai du travail à étancher ces multiples cellules ouvertes aux intempéries. Je devrai passer encore bien des jours et des nuits à filer mon cocon pour pouvoir m'explorer à mon aise, circuler là-dedans comme un étranger, lorgnette à l'œil, et regarder de près les fissures qui menacent de faire crouler l'édifice.

Blêmes échafaudages
poutres pourries
il nous faut vivre sur pilotis
car les inondations n'attendent pas toujours le printemps
ne laissent pas toujours le temps
de monter sur le toit
ni de courir aux embarcations de sauvetage que nous
    avons ciselées
de nos propres mains de longue main
        AU CAS OÙ...
        IL Y AURAIT CHAOS...

Il faut pouvoir continuer,
même si les ruines se multiplient comme des lapins
et s'installent dans nos demeures.
Il faut pouvoir arriver à tout faire sauter
à feu et à sang
puis enjamber.

C'est au frottement de l'homme et non de la meule d'émeri que le fer s'adoucira, qu'on donnera à la lame son tranchant doux et pénétrant. Ce sont les pas des hommes qui feront les routes, qui les aplaniront et leur donneront l'orientation libératrice.

Et la courbe où l'on s'attarde, la courbe du repos,
bien dessinée entre chaque journée de marche,
la courbe qui permet de se soutenir, de respirer,
la voilà *visible*,
douce comme une oasis dont on caresse l'échine

humide de ses doigts en flammes,
enflammés par la fureur de la course interminable
qui a pris
        naissance
            à la
               naissance.

LES ARMES BLANCHES
1951-1953

CONTINUER À VIVRE

S'avançaient sur la nappe mince du présent
un millier d'images déjà répudiées
et continuaient de nous solliciter ces mirages
d'un monde que nous savions ruiné

et le cancer fleurissait invulnérable

ce n'était pas la peur mais le dégoût
qui nous serrait la gorge

nous nous sentions virus
plaies béantes
pus poison plaies
mauvais sang et plaies
nous nous sentions plaies mal fermées
quand certaines paroles venaient pourrir
sur nos lèvres rouges et gercées

nous nous sentions coupables
coupables et lourds
de tout le sang versé qui avait fait croûte
des animaux dénaturés de la nature inanimée
des jours sans pain des années noires
de la vie dévisagée enfin

nous nous sentions coupables
corps et biens dans le désastre
et pour continuer à vivre
dans nos solitaires et silencieuses cellules

nous commencions d'inventer un monde
avec les formes et les couleurs
que nous lui avions rêvées.

LES MOTS-FLOTS

Les mots-flots viennent battre la plage blanche
où j'écris que l'eau n'est plus l'eau
sans les lèvres qui la boivent

les mots-flots couronnant le plus désertique îlot
le lit où je te vois nager la nuit
et la paupière qui te couvre comme un drap
au versant abrupt du matin
quand tout vient se fracasser sur la vitre

les mots-flots qui donnent aux ruisseaux
cette voix mi-ouatée qu'on leur connaît
voix miroitée
vois comme je te vois moi qui pourtant ferme les yeux
sur le plus fragile de tes cheveux
moi qui ferme les yeux sur tout
pour voir tout en équilibre
sur la pointe microscopique du cœur
pointe diamantée des dimanches hantés
dis à m'enchanter et jusqu'à m'en noyer
de ces longs rubans de mots-flots
que tu déroules le soir entre tes seins
comme si tout un fleuve rampait à tes pieds
comme si les feuilles n'avaient pour les bercer
d'autre vent que celui de tes cils de soie lactée

les mots-flots toujours les mots-flots
sur le sable la mariée toute nue
attend la grande main salée de la marée
et un seul grain de sable déplacé démasque soudain

la montagne de la vie
avec ses pics neigeux ses arêtes lancinantes
ses monts inconquis ses cimes décimées

un seul grain de sable et ce sont aussitôt
des milliers de dunes qui apparaissent
puis des déserts sans mirages
un sphinx d'ébène
et trois cents pyramides humaines mortes de soif

un seul grain de sable et la mariée n'est plus à elle
ne s'appartient plus
devient mère et se couche en souriant
comme un verre renversé perd son eau
et les mots-flots envahissent la table
la maison le champ
le verre se multiplie par sa brisure
et le malheur devient transparent
semblable au matin qui entre
par le coin le plus mince d'un miroir sans tain.

L'ÉTÉ TORRIDE

à C.H.

Atroce été de feuilles mortes
atroce été qui cuisait dans les blessures
atroce été qui flambait sous les couvertures
on rêvait de glacier et d'eau de puits
d'un simple igloo de vie à notre porte

cet été-là...

la chaude haleine du malheur
la chaleur de la peur rampait sur la ligne d'horizon
vêtue du rouge-coucher-de-soleil comme un caméléon

cet été-là...

on s'attendait les uns les autres
et rien et personne ne venait
sauf les mauvais augures
les mots devenaient rares comme les fruits mûrs
plusieurs années s'étaient soudainement calcinées

pour oublier car il fallait bien oublier
on allait perdre son temps dans les bois morts
et les rivières desséchées
on perdait la tête à chaque pas et l'on se retournait
pour s'apercevoir qu'elle n'était plus là
j'en ai connu qui perdait quotidiennement la vie
comme un pain moisi
quelques-uns de ceux-là l'ont plus tard retrouvée

dans un filet de pêcheur en eau trouble
cachée dans l'ombre d'un mur encore debout
ou dans un ciel de lit par hasard demeuré sans nuages.

PAYSAGE DÉPAYSÉ

à mes amis peintres

La tempête faisait rage
et la neige nous entrait dans la poitrine
pleine poitrine
couronnée de lancinantes banquises
couronnes d'épines
enfoncées dans le front des mots d'amour

large tempête à nos yeux dans un monde dépaysé
chaque nuit nous arrachait un cri
et nous grandissions dans l'agonie
lentement nous vieillissions
et le paysage vieillissait avec nous – contre nous

le paysage n'était plus le même
le paysage était sombre
le paysage ne nous allait plus comme un gant
n'avait plus les couleurs de notre jeunesse
le paysage le beau paysage n'était plus beau
il n'y avait plus de ruisseaux
plus de fougères plus d'eau
il n'y avait plus rien

le paysage était à refaire.

VAN GOGH

Ce que nous étions nus au soleil blanc
ce que nous étions lourds
de plomb et vaincus
et dans les champs les blés tordus
en gerbes de feu
le blanc de l'œil virait au rouge
au rouge criant dans le jaune sourd

tout pur et hurlant comme chien
notre passé debout sur le bûcher
toute ombre dissoute et le doute écrasé
la vie revenait à ses sources de miel
sève et sang renouvelés
dans un crépitement de l'œil
qui s'ouvrait sur un paysage purifié
lavé par le feu
par Van Gogh aux cheveux rouges
à l'oreille coupée
et à l'œil enflammé

une vie de tournesols commençait.

LE SILENCE AUX CHAMPS

La raison de nos silences toujours la même
reculait devant la force du cri
la pointe du cœur se tournait vers sa cible

la vie acerbe
le verbe acide

l'amour nu dans la ténèbre
reprenait sa couronne de feu

les champs d'avoine ouverts aux quatre vents
découvraient une route inconnue
qui pourtant nous semblait familière

au soleil un homme debout pesait
le bleu le jaune le vert

un signe un murmure
et nous reprenions la parole laissée
sur le flanc vif du dernier sillon.

À CRIS PERDUS

La paix blanche d'effroi
et un cri abominable
crime de sang-froid
fuseau des patientes années
quand tout remuait sourdement
sur la nappe claire d'un lit pourtant défait

défait comme nous l'étions
vie et visage

hommes et mondes
amour infirme
pages immondes

on se tournait vers l'infime
l'infiniment petit malheureux sous l'écorce
l'invisible fait la force disions-nous
et un homme dessinait l'océan
la vague à l'œil
la mort dans l'arme
le feu toujours prêt à s'ouvrir
au souvenir de la cendre sur la feuille
au moindre geste d'allumer un regard

puis une goutte de sang tombait dans la paume
ouverte et molle comme une porte sans gonds
se noyaient les lignes brisées
et dans celles qui restaient

la ligne de vie la ligne de cœur
on lisait les yeux fermés d'une voix d'ailleurs
la liberté des cris un décret de bonheur.

LES HEURES LENTES

On tourne pesamment la tête vers un nouvel horizon
et toute une vie s'appuie sur notre front

la rougeur de l'attente fait place à la douce blancheur
des pierres précieuses dans nos mains calmes

les paroles de haine meurent au bord des lèvres
et voici le silence qui couvre les bruits du lit

silence des eaux silence des yeux silence des ans
silence des uns et silence des autres

long et lent cheminement entre les haies d'aubépines
les heures se passent à séparer les fleurs des épines
fleurs d'hier épines d'aujourd'hui
épines d'aujourd'hui fleurs de demain

les heures coulent dans les lignes profondes de la main
sans s'arrêter sans rien noyer sans heurt
les heures coulent et la main doucement se resserre
sur la gorge d'un long ruisseau
mince filet de voix qu'il ne faut pas briser
gorge chaude
mince filet de vie qu'il ne faut pas broyer
à tout prix
au prix de ne plus jamais dormir la nuit
au prix même de la vie.

LES YEUX DU PAIN

La terre s'ouvre comme un fruit sans noyau
et tout le sang absorbé se révèle soudain
en cristaux noirs de charbons-diamants

un homme entre quatre murs cisèle l'anneau
qui lui rompra l'annulaire
un boulet noir entre les dents
l'émail corrodé la gorge claire

après la terre de feu partout sous les pas
comment respirer le muguet?
comment voir le poisson rouge dans l'eau rouge
     du bocal?
comment manger le pain
quand le couteau perce les mille yeux de la mie?

et où sont les champs de blé avec leurs épis bien droits
debout comme des drapeaux?
les blés couleur de nos bras
les blés couleur d'homme

sans nuage de corbeaux
sans ruisseau de couleuvres
rien que les blés couleur d'un regard
sur un corps sans blessure.

ROSES ET RONCES

à Denise

Rosace rosace les roses
roule mon cœur au flanc de la falaise
la plus dure paroi de la vie s'écroule
et du haut des minarets jaillissent
les cris blancs et aigus des sinistrés

du plus rouge au plus noir feu d'artifice
se ferment les plus beaux yeux du monde

rosace les roses les roses et les ronces
et mille et mille épines
dans la main où la perle se pose

une couronne d'épines où l'oiseau se repose
les ailes repliées sur le souvenir d'un nid bien fait

la douceur envolée n'a laissé derrière elle
qu'un long ruban de velours déchiré

rosace rosace les roses
les jours où le feu rampait sous la cendre
pour venir s'éteindre au pied du lit
offrant sa dernière étoile pour une lueur d'amour
le temps de s'étreindre
et la dernière chaleur déjà s'évanouissait
sous nos yeux inutiles

la nuit se raidissait dure jusqu'à l'aube

rosace les roses les roses et les ronces
le cœur bat comme une porte
que plus rien ne retient dans ses gonds
et passent librement tous les malheurs
connus et inconnus
ceux que l'on n'attendait plus
ceux que l'on avait oubliés reviennent
en paquets de petites aiguilles volantes
un court instant de bonheur égaré
des miettes de pain des oiseaux morts de faim
une fine neige comme un gant pour voiler la main
et le vent le vent fou le vent sans fin balaie
balaie tout sauf une mare de boue
qui toujours est là et nous dévisage

c'est la ruine la ruine à notre image

nous n'avons plus de ressemblance
qu'avec ces galets battus ces racines tordues
fracassées par une armée de vagues qui se ruent
la crête blanche et l'écume aux lèvres

rosace les ronces!

rosace les roses les roses et les ronces
les rouges et les noires les roses les roses
les roseaux les rameaux les ronces
les rameaux les roseaux les roses
sous les manteaux sous les marteaux sous les barreaux
l'eau bleue l'eau morte l'aurore et le sang des garrots

rosace les roses les roses et les ronces
et cent mille épines!

roule mon cœur dans la poussière de minerai
l'étain le cuivre l'acier l'amiante le mica
petits yeux de mica de l'amante d'acier trempé jusqu'à l'os
petits yeux de mica cristallisés dans une eau salée
de lame de fond et de larmes de feu
pour un simple regard humain trop humain

rosace les roses les roses les ronces
il y avait sur cette terre tant de choses fragiles
tant de choses qu'il ne fallait pas briser
pour y croire et pour y boire
fontaine aussi pure aussi claire que l'eau
fontaine maintenant si noire que l'eau est absente

rosace les ronces
ce printemps de glace dans les artères
ce printemps n'en est pas un
et quelle couleur aura donc le court visage de l'été?

L'EFFORT HUMAIN

Pour avoir une image claire de l'homme
tous les ans il fallait briser sept miroirs
et effacer de la mémoire
un nombre incalculable de visages

et après des années de ruine de bris et d'oubli
apparaissait à la surface d'un étang
parmi tant de cadavres
un ovale blanc un visage d'enfant

comme un cerceau retrouvé.

LIEUX EXEMPLAIRES
1954-1955

L'ÉCHELLE HUMAINE

L'anneau solaire glisse soudain le long de la tige et s'évase aux confins de sa propre transparence. Une tranche de vie bascule et soulève un nuage d'âcre poussière. Sur le sable encore humide grouillent mille actions passées : du noir, du rouge et un jaune extrêmement sale.

Le blanc trompe l'œil.

Plus loin, les civières, par rangées de sept, attendent nos chutes. La fièvre monte. Fébrilement, nous dessinons dans un ciel de plomb nos ailes nécessaires ; l'homme est lancé mais l'air vicié de la terre n'aide pas à planer. Habituel retour aux sources stériles, mêmes puits sourds, mêmes jardins de ronces.

Il nous vient du plus profond des entrailles un grand besoin de forêts vierges : un désir de volcan en activité ronge les barreaux de l'habitude.

Le cri suinte.

Sur la paume tendue surnagent, évanescents, les différents visages rêvés et le plus clair prend déjà la forme d'une boule de cristal où s'inscrivent quelques signes lisibles.

Il est permis d'imaginer le reste :

Un homme monte au sommet de l'éphémère échafaudage laissant sur le sol les débris d'une roue de fortune. La cigale avance le soleil d'une saison et c'est sur l'étendue de son champ de vision que l'homme réfléchit : la moisson ouvrira l'œil du père, l'épi sera peut-être infauchable, la pluie seulement viendra adoucir la hampe ou tout ne sera que lances dressées vers un ciel implacable.

Sur l'étendue du désastre, l'homme ne fléchit pas, il pèse, il balaie, prépare la place d'un édifice en tout point identique au précédent plus un étage, quatre ou cinq fenêtres donnant sur le paysage nouveau.

L'échelle retirée, il reste l'empreinte d'une montée pénible mais l'espace ainsi déchiré permet enfin de respirer, le pied sur la brèche et la main à plat sur un sol meuble. Pour maintenir l'équilibre de la construction, on laisse quelques vestiges de ruines autour desquelles on a fait le vide ; l'érosion gravera les millésimes. Une seule poutre, déjà pourrie, soutient l'ancienne demeure.

SUR NOTRE ÎLE

Au centre d'un terrible désordre, une petite aiguille d'acier, en équilibre sur sa pointe, rétablit l'horizon et un premier reflet appelle déjà le calme. Les sirènes émergent venant semer sur la grève leurs étincelantes écailles. Si la nuit est douce, la rive, dès l'aube, sera recouverte d'un bouclier à mille facettes, chacune d'elles indiquant le nom et l'emplacement d'une île inconnue. Les explorateurs qui, par hasard, viendront à passer par ici, apercevant ces indications inespérées, poursuivront infailliblement leur route à la conquête de ces îles. Tout danger de massacre ainsi écarté, nous conservons notre calme dans un désordre qui nous est de plus en plus familier.

LA PYRAMIDE DIMINUE

Fidèle au côté tranchant de la vie, la blessure se ferme laissant toutefois une cicatrice bien visible comme une entaille au tronc de l'arbre que l'on veut abattre. On retourne le corps, de tous côtés il apparaît troué. Des pierres tombent de la bouche qui ne sont ni précieuses ni même polies : simples cailloux noirs de la vie courante.

Plusieurs chemins ainsi parcourus montrent leurs cailloux ; plutôt bitume, plutôt béton que pierre des champs, sans parler des rochers dont on fait la poudre, sans non plus parler des glaciers dont on tire l'eau potable, volcans réduits à cendre.

Mais le corps toujours troué, le prisonnier est repris par les tentacules du passé. Le fourreau vide, le bourreau retourne à son lit, las des échafauds.

ÉQUILIBRE QUOTIDIEN

Sur un mince et fragile plateau se dresse la somme de nos constructions, compliquées et toutes en hauteur : planches de salut finement ciselées, échafaudages pour des lendemains impossibles, châteaux de sable mouvant, etc.

Les mains fébriles, le souffle court, nous venons chaque jour déposer sur le même plateau la construction nouvelle osant à peine regarder cet équilibre précaire. Un faux mouvement et il faut recommencer sa vie sur un autre plateau.

JOUR CLAIR

Les rivages ensanglantés glissent à la mer et le sable à nouveau prend forme de château. Le silence noie l'ombre de nos travaux. Derrière soi, des milliers de bâtons rompus sur des routes hostiles.

PUR INTERVALLE

Les derniers fossiles engloutis, il ne reste plus trace des monstres qui nous habitaient. L'amour avec tous ses anneaux apparaît sur un trapèze volant réduisant le vide à une vallée aimable où le sommeil vient errer, la tête abandonnée à la nuit. La mémoire revient : naguère il fallait des mois pour enterrer un masque de malheur, aujourd'hui, le visage montre des racines propres, toute idée de boue disparue.

Et combien de jours à vivre en plaine ?

Le volcan se retourne dans sa lave et patiente.

SOLITUDE TROUÉE

Au petit jour, à la grande nuit, encore une plage de ténèbres où abordent quelques feux sauvages; la forme de nos terriers se dessine et les dernières lignes de force prolongent une île perdue.

SIGNAUX INUTILES

On signale depuis longtemps un satellite nuisible, un autre non moins nuisible mais invisible celui-là, enfin un anneau qui brise tout élan. On signale d'autre part les innombrables avaries qu'a subies notre planète en cours de route. Ne sachant plus où vivre, quoi réparer, quoi détruire, nous laissons tout crouler.

HABITUDE DE L'ESSENTIEL

Tout s'illumine à partir du noyau central du foyer où rage le désir de consumer. L'objet aimé perd ses angles inutiles, le poids diminue, des ailes de verre prennent naissance au point ultime de l'être réalisant déjà une trajectoire hors planète. Le vol plané amène l'air libre à l'égaré, et sous la table rase s'anime le corps essentiel.

UNE LIGNE ACCUSE

Une lune épineuse se lève sur un monde barbelé. À lueur de terre, il nous est maintenant donné de contempler nos propres fossiles, l'intérieur veineux des labyrinthes humains en totale transparence.

Sur le ruban de nuit s'agite le sismographe des tremblements d'être. Une ligne droite accuse une ligne brisée ; une ligne brisée ne se relève plus, courbe dans le malheur ; apparaissent alors sur la vitre bleue des couronnes de spectres magnétiques, signes avant-coureurs d'éruptions. Le paratonnerre veille.

Une première secousse plonge dans l'oubli des années mouvementées mais sans crevasse. De mouvement en mouvement, il ne reste bientôt plus qu'une veine de marbre froid cristallisant l'attitude dernière.

Sur le ruban de nuit, une ligne saigne.

FAUX HORIZONS

La cendre ravage le souvenir du feu dans la poitrine. Au seuil de l'envol s'évanouissent les trajectoires fulgurantes d'un monde possible, et, retenus aux draps mauves, les mots de repère agonisent sans avoir pu donner signe de vie.

Devant ce naufrage, l'île est absente, la côte désolée, le phare aveugle. Pourtant un accent roule qui cherche l'écho naturel des hauts plateaux, la veine du rocher, la pente du ruisseau ; un accent aigu posé sur la dernière feuille du seul palmier de cette oasis qui ne manque jamais de surgir même du plus noir tableau. L'ardoise reçoit le cri comme un signe enfantin venant nommer le fruit attendu, mais le mur se raye et voici les fagots du lendemain.

Le torrent aura la démarche facile, la tête haute au-dessus du carnage et, pendant que nous irons délacer nos champs, l'eau glauque emportera les merveilles du kaléidoscope. Mais plutôt l'océan que la mare ignoble qui s'attache à nos pas, plutôt la lave que cette boue ridicule dans laquelle il nous faut chercher nos propres traces.

Un épi de blé et la terre se renverse, un coup de soleil et c'est le rouge qui monte au visage comme une pieuvre. L'éclatement de pétales prépare un ultime bûcher où seront consumées ces oriflammes insignifiantes qui nous servent d'horizons. Alors, peut-être, une vue claire…

VOIE OUVERTE

Une main fébrile avance le jour à la pointe du fer et grave au fronton l'étape dernière à l'effigie du coureur. Les rêves glissent sur la paroi d'aujourd'hui, perdent pied et retournent à l'éphémère éther tandis que l'on pavoise un navire des quatre vents futurs.

On dirige vers un espace ouvert des milliers de flèches destinées à d'invisibles ballons captifs; dirigeables perdus sans l'œil de la nacelle, dirigeables aveugles dans la voie lactée de la découverte. Un ciel dirigé vers le bleu double déjà le regard.

Voici l'orbite translucide.

LES CAUSES DE L'EXIL

L'urne fut renversée dès la première vague et le sang répandu imprima sur la plage la gravité de l'outrage. La mer se retira avec ses espadons et quand l'ombre du condor vint envelopper les débris, on ne crut plus possible un retour de marée salutaire.

La foudre, le lendemain, découpa dans le ciel les côtes étincelantes d'un continent nouveau vers lequel nous devions partir après nous être démunis de tout souvenir.

Un seul miroir allait nous suivre qui réfléchirait le sens augural de nos plus obscures paroles.

EN PAYS PERDU
1956

À l'ouverture des rideaux, seul témoin, regarder froidement le spectacle d'un passé incendié n'appelle pas nécessairement la métamorphose en statue de sel. Ce qui est devant, qui vient, ou ce que j'imagine être devant a toujours eu sur moi la plus forte attraction ; mais maintenant le silence est tel, après cet éclatement de sifflets et de sirènes, que je pivote sur moi-même et mon regard glisse sur une mer désolée que j'ignorais là, derrière. Les zones d'ombres se succèdent, percées à intervalles de pics neigeux ; sous cette plaque noire, ondulante, je devine les mots reniés, les sentiers battus, les armes rouillées, les masques brisés, tout ce qui a dû être abandonné pour avoir le pied ferme en domaine inconnu.

Au sortir du rêve d'éther, j'aborde un havre en loques – encore un lieu où je devrai faire mon feu – et me retrouve tout aussi nu, aussi démuni que la première pierre rencontrée, pierre de lune ou simple caillou sur une route hostile. Tout est à apprivoiser : l'air et le vent, la parole et le chant qui écume sur des lèvres lourdes de givre. Il faudra aussi semer des clairières pour que vive cette forêt nouvelle car déjà la flétrissure germe dans la racine.

Où ai-je appris à m'égarer ainsi ?

La grande fleur jaune qu'un matin j'ai prise pour soleil ne m'avait donné, en somme, que pétales de cendre, et plus le jardin s'élargissait plus le sang coulait, mais tout me porte à croire que la vue claire vient de là, comme d'un château en ruine s'échappe une volée de colombes.

Dans l'obscur, la foudre intervient : le temps d'un éclair et la figure humaine se détache du bloc de basalte, dix fois plus grande que nature, sans cicatrice, sans blessure, une figure prête à subir l'assaut du temps ; muette mais terriblement signifiante, les yeux plongés dans l'inévitable.

Nous sommes ainsi en droit d'attendre une transfiguration totale après toute défiguration. Le massacre achevé, restera debout le désir d'une croisière sans horizon, aux quatre vents de l'absolu.

Projeté hors du cercle fatal, je songe à une clef de voûte qui se détacherait de l'édifice au moment opportun – quand l'on se tourne vers un écroulement conjuré – pour effacer jusqu'à la moindre trace de soumission.

Précédant l'âge polaire, l'aurore boréale nimbe l'acte d'amour, dernier halo.

Quelques-uns, pénétrés du sens du courant, remontent à la source de la transparence. La foule, dissimulée derrière sa propre rumeur, renie les cris lancés à la tête du chacal. On s'enveloppe, on se contente d'un vague murmure. Durant tout ce temps passé à effeuiller l'arbre généalogique, le rapace n'a cessé de flairer le champ des travaux laissé à son destin. Rien ne sera jamais achevé ici, cela se voit ; l'équilibre apparaît-il enfin, après tant d'efforts, que l'on déserte le vaisseau pour courir au déluge, et pas un n'apporte même le souvenir de la rose des vents. On croit être sauvé à l'instant fatal par une illusoire lame de fond, comme si le bourreau allait échanger le cou coupé pour la main tendue...

Et la transfiguration, me direz-vous? C'est maintenant qu'il faut modeler le visage que l'on aura, donner aux traits la courbe de l'astre espéré.

Un seul fil retient le paria à l'oasis : le filet d'eau de vie. Le dépaysement nécessaire à un renouvellement de force est à portée de la main. Par un temps pluvieux, perdu au cœur de la ville, je me trouvai soudain en face d'un hameau archaïque, sorte de village de tribu primitive. J'inspectai soigneusement les demeures qui avaient l'air de puits coiffés de chapeaux de briques rouges; l'entrée des huttes, au niveau du sol, ouvrait sur le vide, le fond se trouvant à quelque quinze pieds sous terre; en haut, à même distance se détachait un disque de ciel de deux pieds de diamètre; seul un étroit remblai longeait le mur à partir de la porte, permettant de faire le tour de la hutte en s'agrippant aux lézardes. À l'intérieur, nul esprit, nul dieu, mais un silence favorable à toute présence et j'acceptai d'avance les apparitions possibles pouvant surgir comme un gant de plomb qui se pose sur l'épaule quand l'on se croit seul dans l'obscurité des catacombes.

Où étais-je? Où suis-je?

Entraîné par la force centrifuge du remous, j'entre dans le noyau de nuit où se meut une faune monstrueuse; la rose carnivore me suit, attendant le faux pas qui me livrera, sans défense, aux pétales mortels, mais la fatalité recule devant je ne sais quel charme. D'un lieu proche sans doute un sorcier noir me guide et m'exorcise. À mes yeux bientôt se dessine le fil conducteur et, quoiqu'il m'apparaisse noué de glaives rouges, j'entrevois la possibilité de réincarnation sous forme plus heureuse : nuage ou flamme, à hauteur d'homme toujours. Et j'avance. J'avance une planète verte et vierge au pied de la découverte, j'avance une main libre sur le corps du délit, j'avance mille feux-follets pour un loup-garou, j'avance et j'abandonne le chemin parcouru aux aveugles de demain. Qui piétinera le disque de ciel de deux pieds de diamètre, seul vestige du large, sera avalé par le cratère et restitué à la lave (la ronde des légendes continue d'envoûter l'étranger et s'il n'ouvre sa porte à leurs suppliques échevelées, c'en est fini de lui : l'oiseau-lame frappe). Mais voilà que de la paroi suintent des perles carminées qui forment sur le sol la configuration d'une étoile arrachée à sa trajectoire. La lévitation ! La lévitation !

Plus personne maintenant ne veut ramper dans les profondeurs de la mine de rêves et, de nouveau, je me retrouve seul devant l'imaginaire.

Où étais-je ? Où suis-je ?

J'appris plus tard que mon hameau archaïque était en réalité d'anciens fours à chaux désaffectés... Mais pour moi, au cœur de ma ville, il y aura toujours des huttes de briques rouges pour me servir de refuge. En dernier ressort : un puits de chaux vive.

Ainsi la voie lactée illumine-t-elle le mur d'en face pour peu que l'on ferme les yeux sur les arêtes empoisonnées, l'angle de vision variant avec la nuit. Il suffit parfois d'un mot pour déterminer le sens du ruisseau, un geste et le torrent vient. Le feu roule dans sa braise les actes inutiles : mornes heures à espérer un retour de marée salutaire. La fumée monte vers un ciel obscurci par mille regards perdus, une petite nacelle en vol libre laisse croire toutefois à un air pur.

Un jour je vous montrerai du doigt un anneau solaire dans les anfractuosités de l'obscur, par simple fantaisie, comme on allume une lampe de chevet sur le coup de midi.

ADORABLE FEMME DES NEIGES
1958

I

Nous sommes loin d'ici
sur les chemins de neige
nous sommes loin
de la veille sans lendemain
nous sommes seuls
et le silence prépare un feu parfait
à l'ombre même de nos désirs

nous appartenons à tous les futurs
puisque ta réalité est possible
puisque tu es réelle
au cœur des neiges éternelles
je laisse mon dernier regard
à l'orée de ta beauté

II

Pour ta réalité offerte
mille légendes dorées
pour ta beauté secrète
une ceinture d'astres légers

III

Hier tu n'étais pas
aujourd'hui tu flambes
ardente au courant des saisons

tu ruisselles aux flancs des falaises
et te courbes dans le noir

ailleurs pour te posséder
on détruit ton visage
on t'invente une histoire

IV

Les midis sont pâles
dans ce pays d'où je viens
et la lune rouille sur les remparts

il y a des jours où tout est vain
sauf ton image
sauf la blancheur de ton corps
sur ces terres amères

le calme pèse nos paroles
aux heures creuses
et la force nous vient d'un autre âge
pour croire aux adages
qui hantent nos hivers

V

La pointe du jour c'est ton sein gauche
appuyé sur le soir
et le soir tu entres pour passer la nuit
nue sous les abat-jour de parchemin
sur lesquels on écrit une phrase éblouie

adorable femme des neiges

VI

C'est un printemps de sang nouveau
que ton visage de nuage ovale à ma fenêtre

c'est la merveille à ma porte
que ton corps d'étoile polaire sur mes rivages

à la lisière de ta flamme
se consument les lourds fagots d'hier

la main haute sur les orages
le ciel sur tes épaules se repose

mais dis-moi à quelle source vas-tu boire ?

VII

Quand un navire échoue sur une île fière
sa figure de proue devient une déesse familière

on met aux récifs des couronnes de fleurs
on fête la tempête
on affole la rose des vents

l'épave prend un air de triomphe
pour sombrer dans de telles eaux

VIII

Tu es venue au temps de l'abandon
alors que les lauriers gisaient dans l'étang

tu es venue au temps de la défaite
alors que le froid dans l'âtre était roi

l'air était fané quand tu es venue
avec ton sourire d'algue fraîche
la bouche pleine d'une sève inépuisable
la vie facile jouait déjà dans ton halo
car l'ombre ne voyage pas avec toi

IX

Paisible et lente tu t'avances
dans les heures chaudes du sommeil
et sur ton lit de fougères le matin
tu te combles d'énigmes de rébus
pour dérouter les plus sombres avenirs

tu te livres au présent toute nue
sans savoir si demain la mémoire te suivra
dans les méandres de ton errance

sans feu ni lieu dit-on de toi
mais en tout lieu on ne parle que de toi
et tu embrases chaque espoir de voyance

X

Tu vois
la parole est rare et précieuse
maintenant que nous sommes seuls
parmi ces soleils

il n'y a plus d'opaque
il n'y a plus d'ornière
et les fléaux passent
bien au-dessous de notre ciel

XI

Je laisse mes rênes à leur destin
je te tiens pour toute lumière
et mes mains te serrent
pour garder l'empreinte de ta présence

je froisse ta chair pour en tirer les éclats
je m'aveugle à ta foudre
je m'abîme en toi

XII

Les mouvements de ton corps
sont les marées qui m'emportent
loin loin d'ici
vers des mers sans adieu
vers des mers sans merci

en amont des rivières qui portent
mes désirs d'amour à bon port
tu t'inscris
lumineuse de tous feux
ravissante et ravie

ma caravelle suit la courbe de ta vie.

Contenu du recueil

Les nuits abat-jour – Éditions Erta, Montréal, 1950, illustré de collages sur bois par Albert Dumouchel, tirage limité à 25 exemplaires.

Midi perdu – Éditions Erta, Montréal, 1951, poème manuscrit, orné de dessins par Gérard Tremblay, reproduit selon le procédé « blueprint », tirage limité à 20 exemplaires.

Yeux fixes – Éditions Erta, Montréal, 1951, sous couverture de Gérard Tremblay, tirage à 180 exemplaires.

Les armes blanches – Éditions Erta, Montréal, 1954, comportant six dessins de l'auteur, couverture sérigraphique par Albert Dumouchel, tirage à 350 exemplaires.

Lieux exemplaires et *En pays perdu* – Textes parus dans *Le défaut des ruines est d'avoir des habitants*, Éditions Erta, Montréal, 1957, avec trois dessins de l'auteur et une sérigraphie originale dans les exemplaires de tête, tirage à 500 exemplaires.

Adorable femme des neiges – Éditions Erta, Montréal, 1959, poèmes manuscrits et six illustrations entièrement réalisées en sérigraphie par l'auteur à Aix-en-Provence, tirage limité à 20 exemplaires grand format sur papier Rives.

L'âge de la parole, poèmes écrits entre 1949 et 1960, et parus pour la première fois dans ce recueil (Éditions de l'Hexagone, 1965).

ROLAND GIGUÈRE

Roland Giguère est né à Montréal le 4 mai 1929. Ses premiers poèmes sont publiés dans les *Cahiers des arts graphiques*, revue de l'Institut des arts graphiques de Montréal, où il est étudiant. Devenu typographe, il fonde en 1949 les Éditions Erta, qui publieront de somptueuses éditions de poètes québécois.

Lors d'un premier séjour en France en 1954-1955, il collabore au Groupe Phases et apprend la gravure chez J. Friedlaender. De retour à Montréal, il ouvre une imprimerie et continue son travail de poète-éditeur.

Il séjourne à nouveau en France de 1957 à 1963 ; il y poursuit son travail d'éditeur et collabore par ses écrits ou par ses œuvres graphiques aux revues *Phases*, *Edda*, *Boa*, etc., ainsi qu'au Mouvement surréaliste.

En 1965, il réunit aux Éditions de l'Hexagone plusieurs recueils pour constituer *L'âge de la parole*, qui lui vaut le prix France-Canada, le prix de poésie des Concours littéraires du Québec et le Grand Prix littéraire de la Ville de Montréal.

Suivront deux autres rétrospextives : *La main au feu* (1973) et *Forêt vierge folle* (1978). Bien que plus discret comme poète à partir des années 1980, Giguère publie des livres d'artiste et un recueil remarqué, *Illuminures* (1997).

Ses poèmes figurent dans plusieurs anthologies et revues québécoises, canadiennes et étrangères, et sont traduits en anglais, en espagnol, en italien et en ukrainien.

Roland Giguère est aussi connu comme peintre et graveur; ses œuvres ont fait l'objet de plusieurs expositions tant au pays qu'à l'étranger et figurent dans plusieurs musées et collections privées. Roland Giguère est leur seul artiste au Québec à avoir reçu à la fois le prix Paul-Émile Borduas (1982) et le prix Athanase-David (1999).

Malade, Roland Giguère a mis fin à ses jours en août 2003.

ŒUVRES DE ROLAND GIGUÈRE

Faire naître, poèmes, illustrations d'Albert Dumouchel, Erta, 1949.

3 pas, poèmes, gravures de Conrad Tremblay, Erta, 1950. *Les nuits abat-jour*, poèmes, images d'Albert Dumouchel, Erta, 1950.

Yeux fixes, poèmes en prose, Erta, 1951.

Midi perdu, poème, dessins de Gérard Tremblay, Erta, 1951.

Images apprivoisées, poèmes, Erta, 1953.

Les armes blanches, poèmes, Erta, 1954.

Le défaut des ruines est d'avoir des habitants, poèmes, dessins de l'auteur, Erta, 1957.

Adorable femme des neiges, poèmes, illustrations de l'auteur, Erta, 1959.

L'âge de la parole, poèmes et proses, l'Hexagone, 1965; Typo, 1991.

Naturellement, poèmes, sérigraphies de l'auteur, Erta, 1968.

La main au feu, poèmes et proses, l'Hexagone, 1973; Typo, 1987.

Abécédaire, poèmes, orné par Gérard Tremblay, Erta, 1975.

J'imagine, poèmes, illustré par Gérard Tremblay, Erta, 1976.

Forêt vierge folle, poèmes et proses, l'Hexagone, 1978 ; Typo, 1988.

10 cartes postales, textes, Aubes 3935, 1981.

À l'orée de l'œil, dessins, Le Noroît, 1981.

Temps et lieux, poèmes, sérigraphies de l'auteur et un dessin de Gérard Tremblay, l'Hexagone, 1988.

Illuminures, poèmes, l'Hexagone, 1997.

TABLE

TYPO
TITRES PARUS

Viau, Roger
  Au milieu, la montagne (R)
Villemaire, Yolande
  La constellation du Cygne (R)
  Meurtres à blanc (R)
  La vie en prose (R)
Villeneuve, Marie-Paule

L'enfant cigarier (R)
Warren, Louise
  *Bleu de Delft. Archives de
    solitude* (E)
  Interroger l'intensité (E)
  Une collection de lumières (P)

(A): anthologie; (C): contes; (D): dictionnaire; (E): essai; (N): nouvelles;
(P): poésie; (R): roman; (S): scénario; (T): théâtre